딱! 알맞게
살아가는 법

Anselm Grün: *Die Kunst, das rechte Maß zu finden*
© 2014 Vier-Türme GmbH, Verlag, 97359 Münsterschwarzach Abtei
All Rights Reserved.

Korean Translation Copyright © 2017 by Catholic Publishing House

딱! 알맞게 살아가는 법

2017년 7월 20일 교회 인가
2017년 9월 8일 초판 1쇄 펴냄
2023년 12월 28일 개정 초판 1쇄 펴냄
2024년 5월 21일 개정 초판 3쇄 펴냄

지은이 · 안셀름 그륀
옮긴이 · 최용호
펴낸이 · 정순택
펴낸곳 · 가톨릭출판사
편집 겸 인쇄인 · 김대영
편집 · 김지영, 강서윤, 김소정, 박다솜
디자인 · 홍수미, 이경숙, 강해인, 송현철, 정호진
마케팅 · 안효진, 황희진

본사 · 서울특별시 중구 중림로 27
등록 · 1958. 1. 16. 제2-314호
전자우편 · edit@catholicbook.kr
전화 · 1544-1886(대표 번호)
지로번호 · 3000997

ISBN 978-89-321-1879-6 03230

값 17,000원

성경 ⓒ 한국천주교중앙협의회

이 책의 한국어 출판권은 모모에이전시를 통해 저작권사와 독점 계약한
(재)천주교서울대교구 가톨릭출판사에 있습니다.
저작권법에 의해 한국 내에서 보호를 받는 저작물이므로 무단 전재와 무단 복제를 금합니다.

가톨릭의 모든 도서와 성물을 '가톨릭출판사 인터넷쇼핑몰'에서 만나 보실 수 있습니다.
http://www.catholicbook.kr | (02)6365-1888(구입 문의)

지나치거나 모자라지 않는 삶의 균형 잡기

딱! 알맞게
살아가는 법

안셀름 그륀 지음 · 최용호 옮김

가톨릭출판사

머리말

알맞게 살아야 하는 이유

우리는 늘 무엇인가를 가늠하면서 삽니다. 매일매일 어떤 일을 겪을 때마다 그 일의 가치와 중요성을 헤아리며, 적절하게 대응하려고 노력합니다. 예를 들어 남에게 비난을 들으면 이를 참으며 이성을 잃지 않도록 노력합니다. 참는 데 한계가 오지 않도록 애쓰는 것입니다.

자신의 한계를 알고 그 한계를 넘지 않도록 적당하게 조절할 줄 아는 사람은 쉽게 지치지 않습니다. 하지만 한계를 넘어 무리하는 사람은 언제든 탈진하기 쉽습니다. 그런 사람은 한계에 대해 잘못된 기준을 가지고 있는 경우가 많습니다. 잘못된 기준으로 판단하면 주제넘은 행동을 하게 됩니다. 이러한 행동은 사람들을 불쾌하게 만들지요. 사람들은 직감적으로 그런 행동을 하는 사람을 알아차립니다. 그리고 본능적으로 그들을 피합니다.

   상황을 잘 파악하고 적절하게 행동할 줄 아는 이는 내적인 조언자 또는 내적인 치유자가 있는 사람입니다. 그는 제대로 된 삶을 살 수 있습니다. 주제넘은 행동을 하지 않으며, 자기 본성에 어긋나거나 분수에 넘치는 삶을 살지 않지요. 고요하고 여유 있는 마음을 지녔으며, 자신에게 필요한 평온을 누립니다.

중용을 지킨다는 것

   '정도'나 '중용中庸'을 뜻하는 독일어 명사 '마스Maß'는 본래 '할당된 양'이나 '측정한 양'을 가리키는 말입니다. 이 단어는 '정도, 한도'를 뜻하는 그리스어 명사 '메트론Metron'과 관련이 있습니다. 그리고 '숙고하다'라는 뜻을 지닌 라틴어 동사 '메디타리meditari'와 '무엇을 완전히 이해하고 올바르게 평가하는 슬기로운 조언자'라는 뜻을 지닌 라틴어 명사 '메디쿠스Medicus'에도 '메트론'의 의미가 숨어 있습니다.

   또한 '마스'는 '말뚝 등으로 땅의 경계를 표시하다.'라는 뜻을 지닌 독일어 동사 '압슈테켄abstecken', 그리고 '재다, 측정하다'라는 뜻을 지닌 독일어 동사 '메센messen', '표식을 이용하여 땅의 경계를 재는 측량사'와 '무엇을 자르는 칼'을 뜻하는 독일어 명사 '메서Messer'와도 관련이 있습니다. 이렇게 단어의 의미를 살피면, 올바르게 측정하고, 자기 분수를 올바르게 파악하며, 자신의 생각과 행위를 올바른 잣대로 평가하는 것이 제대로 된 기준을 아는 데 중요함을 알 수 있습니다.

'마스'와 관련된 단어들을 살피다 보면, 이 단어가 뜻하는 '정도'나 '중용'이 우리 삶의 여러 분야와 관련이 있다는 것도 알 수 있습니다. 다시 말해 '정도'나 '중용'은 경제 활동뿐만 아니라, 자연과 우리 자신을 다루는 일, 직장 생활, 자원 봉사 활동, 하루 일정이나 여가를 계획하는 일과도 관련이 있습니다. 베네딕토 성인(480~547년)은 이미 1,500년 전에 '중용'을 지키는 삶이 인간에게 이롭다는 사실을 깨달았습니다. 그래서 라틴어로 '절제' 또는 '분별력'을 뜻하는 '디스크레티오Discretio'를 중시했습니다. 성인이 동료 수사들을 위해 쓴 《수도 규칙서Regula monachorum》에서는 '슬기로운 절제는 모든 덕행의 어머니'라고 합니다. '절제' 또는 '분별력'을 통해 성공적인 삶을 살게 된다는 것이지요.

따라서 "중용을 지키며 살아야 한다."라는 말은 도덕적인 호소라기보다 삶을 가치 있게 사는 방법과 관련된 권고라 할 수 있습니다. 이미 가득 찬 잔에 포도주를 계속 붓는다면 포도주가 흘러넘쳐 탁자와 바닥을 적시게 됩니다. 값비싼 포도주가 바닥에 흘러 더 이상 값어치 없는 물건이 되고 마는 것입니다.

'중용을 지키는 삶'은 미덕일 뿐 아니라, 우리 삶의 품격을 높이는 가치이기도 합니다. 적절한 정도를 넘으면 삶의 가치는 떨어지기 마련이니까요. 그 점은 경영학에서도 쉽게 확인할 수 있습니다. 상품이 지나치게 많이 생산되면 상품의 가치는 떨어집니다. 삶의 가치가 떨어지지 않아야 삶의 품격이 높아지고 인간의 품위 또한 지킬 수 있습니다.

절제의 미덕

이 세상을 살펴보면 도처에서 무절제한 모습을 발견할 수 있습니다. 예를 들면 돈이 아무리 많아도 이에 만족하지 못하는 사람을 곳곳에서 찾아볼 수 있지요. 독일의 정신과 의사인 빌헬름 슈미트보데(Wilhelm Schmid-Bode, 1956년~)는 '만족하지 못하는 것은 과도함 때문'이라고 생각했습니다. 그리고 그 과도함은 무절제함에서 나온다고 여겼습니다.

○   우리는 과도한 책임, 과도한 일, 과도한 압박감, 과도한 소유, 과도한 소음 때문에 고통받고 있으며, 정신적·물질적인 유행을 과도하게 쫓느라 힘들어하고 있습니다. 이러한 것들 때문에 적당하게 살지 못하고 끊임없이 시간에 쫓기며 삽니다. 이와 같은 문제는 무절제함 때문에 생깁니다.

슈미트보데는 불만족이 과도함 때문에 생긴다고 했지만, 이는 종종 지나친 압박 때문에 생기기도 합니다. 예를 들어 마트에 가면 상품이 너무 많아 고르기가 쉽지 않습니다. 예전에는 아주 쉽게 골랐던 물건도 이제는 결정하는 데 에너지와 시간을 많이 들여야 하지요. 심지어 때로는 어떤 것을 고르고 나서도 만족스럽지 않습니다.

슈미트보데는 이런 때일수록 절제하며 살 것을 권합니다. 신앙생활과는 거리가 먼 그가 수도자처럼 절제를 배우라고 하는 점이 흥미롭습니다. 수도자의 절제하는 삶이 그에게 깊은 영향을 끼친 것입니다.

베네딕토 성인에게서 배우는 '중용'

저는 이 책에서 옛 수도자들의 영성 전통과 베네딕토 성인의 《수도 규칙서》를 기반으로, 오늘날 우리가 자신, 이웃, 자연과 조화롭게 살 수 있는 방법을 제시하고자 합니다. 이는 바로 '중용'을 지키는 것입니다. 베네딕토 성인의 《수도 규칙서》에 담긴 모든 규정에는 '중용'의 정신이 깃들어 있습니다. 이는 성인 혼자만 언급한 내용이 아닙니다. 대大그레고리오 성인 교황(540~604년)도 '중용'을 강조했습니다.

베네딕토 성인은 《수도 규칙서》에서 이렇게 언급했습니다.

○ 수도원장은 앞을 내다보고 신중하게 지시를 내려야 합니다. 영적인 일이든 세속적인 일이든 지시를 내릴 때 정확하게 분별하여 적당한 정도를 알아내야 합니다. "이동 중에 양 떼를 혹사하면 양들은 모두 죽게 됩니다."라고 말했던 야고보 성인의 분별력을 배워야 합니다. 모든 미덕의 어머니인 슬기로운 분별력을 마음에 새겨야 합니다. 이처럼 모든 일에 중용을 지키는 능력이 뛰어난 이들은 자신이 무엇을 열망하는지 알게 하고, 능력이 모자라는 이들은 떠나가지 않도록 해야 합니다.(《수도 규칙서》

64,17-19)

여기서 베네딕토 성인은 여러 가지를 거론하고 있습니다. 먼저, 살다 보면 무절제에 빠질 수 있으며, 무절제한 생활은 언제나 우리를 나락으로 떨어지게 한다는 점을 알려 줍니다. 또한 우리가 영성 생활을 하다가도 무절제에 빠질 수 있다는 점도 알려 줍니다. 신앙생활에서도 중용을 지키지 못하면 자기 자신뿐만 아니라 하느님도 찾을 수 없게 됩니다. 그리고 중용은 무리하지 않는 적당함을 뜻한다는 점도 알려 줍니다. 그렇다고 '적당한 정도'가 단지 '보통 수준'을 가리킨다고 이해해서는 안 됩니다. 여기서 말하는 적당한 정도는 능력이 뛰어난 이들이 더욱 성장할 수 있고, 자기 능력에 기쁨을 느끼도록 하는 한편, 능력이 모자라는 이들은 낙담하지 않도록 하는 그런 정도를 말합니다.

요즘 성 베네딕도회 수도원을 찾는 사람들 중에는 무절제한 생활로 고통을 겪는 이가 많습니다. 그들은 수사들과 함께 생활하는 가운데 '중용'에 대해 눈을 뜨고, 자신의 일상과 직장에서도 이를 지키고자 마음먹게 됩니다. 저는 베네딕토 성인이 쓴《수도 규칙서》에 수많은 지혜가 담겨 있다고 생각합니다. 이 지혜는 매우 유용합니다. 그래서 오늘날 우리가 겪는 문제들을 먼저 언급하고, 문제 해결에 도움이 되는 베네딕토 성인의 말씀과 규정을 제시하려 합니다. 이를 통해 여러분도 '중용'을 지키는 삶에 눈뜨기를 바랍니다.

차 례

머리말 — 5

제1장 ○ 마음의 중심 잡기

중용의 힘 — 19
낭비와 인색함 사이 — 19
자기 비하와 교만 사이 — 26
다른 사람에게만 최선을 다할 때 — 32
다른 사람에게 지나친 기대감을 가질 때 — 38
다른 사람의 기대에 휘둘릴 때 — 42
화내고 격분할 때 — 45
평범한 나의 모습 받아들이기 — 48

제2장 ○ 중용의 길을 걷다

중용을 따르고자 한다면	― 57
하느님의 피조물인 자연 지키기	― 58
나 자신 지키기	― 60
간소한 삶이 주는 기쁨	― 66
나의 한도에 맞게 일하기	― 67
규율과 질서 따르기	― 71
적정 속도 지키기	― 77
마음의 평정 찾기	― 97
분별력 지니기	― 102
모든 일에 주의 기울이기	― 118
겸손이라는 용기	― 128

제3장 ○ 남은 것은 실천뿐

구체적인 조언들 — 139

본질에 집중하기 — 140

모든 일에 온 마음을 다하기 — 144

다른 사람과 비교 멈추기 — 147

나 자신을 풍요롭게 가꾸기 — 153

남의 눈을 의식하지 않기 — 159

거절할 줄 아는 용기 내기 — 166

구름 위가 아닌 현실에 발을 디디기 — 168

완벽함을 추구하지 않기 — 170

균형 잡힌 아름다움을 추구하기 — 179

적게 가진 것에 대한 자부심 느끼기 — 184

맺음말 — 188

참고 문헌 — 194

제 1 장

―

마음의 중심 잡기

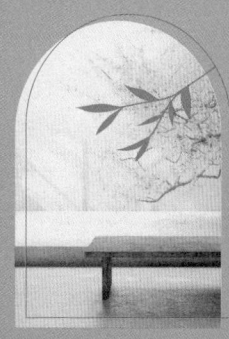

딱! 알맞게
살아가는 법

중용의 힘

●

저는 '중용'이 우리 삶을 결정지을 수 있는 극단적인 태도에서 균형을 잡는 일이라고 생각합니다. 한마디로, '유익한 균형을 이루는 기술'이라고 할 수 있습니다. 이 장에서는 극단적인 태도 몇 가지를 거론하며 중용이 어떤 힘을 발휘하는지를 살펴보겠습니다.

낭비와 인색함 사이

'중용'은 항상 '균형'과 관련이 있습니다. 균형을 잡지 못하면 '적당한 정도'를 지키지 못하는 삶을 살아가게 됩니다. 무절제하게 소비하고, 낭비벽이 극심한 사람을 떠올려봅시다. 이런 사람들은 갈수록 더 많은 걸 갖길 원하고, 원하는 걸 손에 넣어도 결코 만족하지 못합니다. 소비 욕구를 주체하지 못해 필요하지도 않은 물건을 마구 사는 무절제한 행동을 하기도 합니다. 반대로, 돈은 많지만 어디에도 돈을 쓰지 않는 인색한 사람도 있습니다. 그들은 자기 자신에게 무언가를 베풀 줄도 모르고, 그저 모든 것을 지나치게 절약할 줄만 압니다. 그래서 식당에서도 가장 싼 음식만 찾고, 물건도 가장 싼 것만 고르지요.

한 은행원이 제게 어느 부인에 관한 이야기를 들려 준 적이 있습니다. 그 부인은 아주 부자임에도 정기 예금 이자를 0.1퍼센트 더 받기 위해 거래 은행을 수시로 바꿨는데, 오히려 거래 은행을 자주 바꾸는 바람에 더 많은 수수료를 지불해야 했습니다. 이자를 더 많이 받는 일에만 정신이 팔려 무엇이 더 이로운 것인지 분별하지 못한 것입니다.

낭비와 인색함 사이에서 균형을 잡으려면 절약하는 태도와 베푸는 태도를 동시에 지녀야 합니다. 미덕에 속하는 이 두 가지 태도는 서로 건전한 긴장 관계를 이루도록 합니다. 가진 것을 아껴 쓰는 사람이라도 자신의 재물을 다른 사람과 나눌 수 있습니다. 잔치를 벌여 친구들을 후하게 대접할 수도 있지요. 그러나 인색한 사람은 친구들에게 기껏해야 값싼 음식만 대접할 것이기에,

결코 그 잔치가 즐거울 수 없습니다.

낭비와 인색함은 미덕이 아니라 악습이며 인간에게 해로운 것입니다. 낭비벽이 있는 사람은 자신의 재정 상태를 과신하고 절제하지 못한 결과, 종종 엄청난 빚을 지게 됩니다. 그렇기 때문에 빚더미에서 빠져나오기가 힘듭니다. 물론 인색함도 나쁜 결과를 가져옵니다. 가전제품을 전문적으로 판매하는 한 유통 회사는 "싼 것이 최고!"라는 광고 문구를 내걸고 가장 싼 상품만을 판매했습니다. 그 회사는 사람들에게 '인색함'이라는 악습을 미덕으로 여기게 했던 것이지요. 그 결과는 참담했습니다. 가장 싼 상품만을 판매하던 회사는 이런 판매 전략 때문에 결국 망하고 말았습니다. 소비자들은 싼 것만을 원하지 않습니다. 게다가 남들이 자신을 싼 것만 찾는 사람이라고 생각하는 것은 더더욱 원하지 않지요.

가격을 최우선으로 생각하는 사고는 불행한 결과를 가져옵니다. 고객을 얻기 위해 상품 가격을 낮추는 방법만 고려하게 되기 때문입니다. 그러나 상품 가격을 내리면, 그 부담은 고스란히 생산자가 짊어지게 됩니다. 만약 시장에 유통되는 농산품 가격을 낮추려면, 농부들부터 자신이 공들여 키운 농산물 값을 낮춰야 할 것입니다. 물론 가격을 내린 부담은 소비자에게도 돌아갑니다. 소비자들이 싼 값으로만 물건을 사려고 하면, 생산자들은 더 많은 것을 더 싼 값에 만들기 위해 안전성을 포기하고 맙니다. 그래서 소비자의 건강을 위협하는 불량 식품과 가짜 식료품이 유통되기도 하지요. 그러나 따져 보면, 그에 대한 책임은 가격만을 우선시한 우리에게도 있습니다.

무절제한 낭비와 인색함은 더 많은 것을 가지려는 욕망에서 옵니다. 불교에서는 욕망을 모든 고통과 악의 원인이라고 생각합니다. 또한 서양에서는 모든 욕망을 탐욕으로 봅니다. 바오로 사도는 티모테오에게 보낸 첫째 서간에서 다음과 같이 말합니다.

> ○ 물론 자족할 줄 알면 신심은 큰 이득입니다. 우리는 이 세상에 아무것도 가지고 오지 않았으며 이 세상에서 아무것도 가지고 갈 수 없습니다. 먹을 것과 입을 것이 있으면, 우리는 그것으로 만족합시다. 부자가 되기를 바라는 자들은 사람들을 파멸과 멸망에 빠뜨리는 유혹과 올가미와 어리석고 해로운 갖가지 욕망에 떨어집니다. 사실 돈을 사랑하는 것이 모든 악의 뿌리입니다. 돈을 따라다니다가 믿음에서 멀어져 방황하고 많

은 아픔을 겪은 사람들이 있습니다.(1티모 6,6-10)

바오로 사도는 이 구절에서 그리스 철학, 특히 당대에 널리 퍼진 스토아 철학을 인용하고 있습니다. 스토아 철학에서는 '에피튀미아Epithymia'라고 부르는 '욕망'을 경계했으며, 그리스 철학에서도 '탐욕'을 '모든 악의 뿌리'라고 경고했습니다. 바오로 사도는 이를 받아들였고, 욕망이 가져오는 결과를 '올가미'에 비유했습니다. 욕망에 빠진 사람은 스스로 빠져나올 수 없는 올가미에 걸린 사람과 같다는 것입니다. 독일의 신학자 위르겐 롤로프(Jürgen Roloff, 1930~2004년)는 욕망에 빠지는 것을 '침몰하는 배'로 설명하였습니다.

○ 짐이 너무 많이 실린 배가 조종할 수 없게 되어 결국 가라앉고 마는 것처럼, 탐욕에 사로잡힌 사람은 욕망을 제어하고 통제하지 못해 결국 침몰하고 맙니다.

이처럼 무절제한 욕망이 어떤 결과를 가져오는지는 명확합니다. 빠져나올 수 없는 올가미에 걸려들 수 있다는 것입니다. 사람들은 자유 의지에 따라 원하는 것을 구매하고 소비한다고 생각합니다. 그러나 사실은 남들이 갖고 있기 때문에 구매하기도 하고, 현재 가진 것에 만족하지 못해서 구매하기도 합니다. 그 결과 삶이라는 배에 짐을 너무 많이 싣게 되고, 무거워진 그 배는 결국 가라앉고 맙니다. 어떤 이들은 이 비유와 글자 그대로 똑같이 행동합니다. 그들은 물건으로 자기 집을 꽉 채웁니다. 물건이 너무 많아 숨 쉴 공간조차 부족한데도 결코 버리지 못합니다. 불필요한 물건으로 집 안이 가득 차면, 영혼에도 짐을 가득 채우는 셈이 됩니다. 그래서 '저장 강박증Compulsive Hoarding Syndrome'으로 나타나기도 합니다.

독일의 개신교 목사이자 신학자, 시민운동가인 프리드리히 쇼를레머(Friedrich Schorlemmer, 1944년~)는 자신의 저서에서 '욕망'에 관해 이렇게 말했습니다.

○ 욕망은 여러 가지 방법으로 인간을 바보로 만들기 때문에, 성공한 사람이 오히려 모든 것을 잃게 되기도 합니다. 예를 들어 과도한 부富를 가지게 되면, 재산을 지나치게 걱정하게 되어 영혼이 구원으로 나아가지 못하게 됩니다. 이는 과도한 성공

속에 불행이 숨어 있음을 보여 주는 것입니다.

프랑스의 철학자이자 소설가, 수필가인 파스칼 브뤼크네르(Pascal Bruckner, 1948년~)는 오늘날 우리 사회에 만연한 '정신적 발육 지체'(유치증幼稚症이라고도 부릅니다.)를 드러내는 표지 가운데 하나가 바로 '욕망'이라고 말합니다.

○ 정신적 발육 지체는 안정감에 대한 욕구를 무절제한 욕망을 통해 표출하는 증상입니다. 이러한 증상은 어떠한 책임도 지지 않으면서 보살핌만 받고자 하는 갈망을 드러냅니다.

그는 정신적 발육 지체에 대해 "어떠한 것도 포기하지 않으려는 것"이라는 말로 요약합니다. 그런 욕망이 '소비 사회'를 가져온 것입니다. 살 수 있는 물건이 늘 충분하다고 해서 소비 사회라 부르는 것은 아닙니다. 소비 사회는 끊임없이 욕망을 불러일으키는 사회입니다. 소비 사회에서는 이전보다 개선된 새로운 상품이 끊임없이 출시됩니다. 그러나 이러한 사회는 곧 한계에 부딪히게 됩니다. 그 한계는 꼭 필요한 상품을 구하지 못해 생기는 것이 아니라, 넘쳐 나는 물건으로 인해 발생하는 쓰레기를 처리해야 해서 생깁니다.

경제학은 욕망을 경제의 원동력으로 여기며, 이를 긍정적으로 평가합니다. 욕망이 있기에 사람들은 늘 새로운 상품을 출시하고, 그래서 경제가 성장하게 된다는 것입니다. 그러나 여기서도 적정 한도, 곧 중용이 필요합니다. 인간에게서 욕망을 완전히 몰아낼 수는 없기 때문입니다. 우리는 욕망이 우리를 지배하게 놔두지 말고 적당한 자극제 정도에 머물도록 길들여야 합니다.

자기 비하와 교만 사이

우리는 자기 비하와 교만 사이에서도 균형을 잘 유지해야 합니다. 자기 비하와 교만이라는 두 가지 극단적인 태도는 모두 자기 자신에 대한 환상에서 비롯됩니다. 우리는 자신이 가장 위대하고 똑똑하며, 인기 있고 매력적이면서 부유한 사람이길 원합니다. 그러나 그런 이상적인 모습에 도달할 수 없다는 걸 스스로 알기에 자기 비하나 교만한 태도를 보이게 되는 것입니다.

먼저 자기 비하는 자기 자신에게 지나치게 요구하기 때문에 스스로를 보잘것없다고 느끼며 거부하는 태도입니다. 이러한 자기 비하 이면에는 근본적으로 다른 사람들이 자신을 높이 평가해 주기를 바라는 마음이 숨어 있습니다. 다른 사람에게 비난보다 칭찬을 들으려고 자신을 낮추는 것입니다. 그래서 자기 비하는 유치한 태도라 할 수 있습니다. 어른에게 칭찬을 들으려고 온갖 재롱을 부리는 아이의 태도와 같기 때문입니다. 또한 자기 비하는 자신에 대한 그릇된 생각을 불러일으킵니다. 예를 들면, '나는 제대로 하는 게 하나도 없으니, 아무도 나와 함께하지 않을 거야.', '나는 행동도 굼뜨니까, 아무도 나를 받아들이지 않겠지.'라고 생각하게 되는 것입니다. 이런 생각은 스스로를 기운 빠지게 합니다.

마찬가지로 자신을 과대평가하는 태도도 유익하지 않습니다. 이러한 태도는 '나는 주어진 일을 늘 완벽하고 능숙하게 할 수 있어. 나는 언제나 멋진 모습으로 해낼 거야. 나는 모든 일에 자신 있고, 늘 긍정적이지.'라고 생각하는 것입니다. 그러나 과대 포장된 자신의 모습과 실제 모습 사이에는 큰 격차가 있습니다. 여기서 괴리감을 느끼는 사람들은 정신 상담을 요청하곤 합니다. 스스로가 만든 자기 모습을 포기하지 못하고 집착하여, 그로 인한 불편을 감수하다가 결국 우울증에 빠지게 되는 것입니다. 스위스의 정신과 의사인 다니엘 헬(Daniel Hell, 1944년~)은 다음과 같이 말합니다.

○ 우울증은 과장된 나의 모습 때문에 괴로움을 겪는 영혼이 도와 달라고 외치는 요청인 경우가 많습니다. 우리 영혼은 과장된 모습이 본모습과는 다르다는 것을 잘 알기에 과장된 모습에 반기를 듭니다. 따라서 우울증은 과장된 모습에서 벗어나라는 요청으로 이해할 수 있습니다. 이는 있는 그대로의 나를 받아들이라는 요청입니다.

우울증에 빠지면 우리의 감각은 마비됩니다. 그리고 감각이 마비되었기에 아픔 속으로 뛰어들지 못합니다. 그래서 늘 아픔의 겉에만 머물러 아픔을 제대로 체험할 기회를 놓치고 맙니다. 있는 그대로의 모습을 받아들이고, 자신의 평범한 모습에 아파할 때, 비로소 영혼의 밑바닥에 이를 수 있습니다. 그곳은 우리가 자기 자신과 화합할 수 있는 고요한 공간입니다. 자신을 비하하거나 과대평가한다면 결코 그곳에 이를 수 없습니다. 자신을 있는 그대로 받아들임으로써 그곳에서 하느님께서 지어 주신 나의 본모습을 접할 수 있습니다. 그렇게 할 때 자신을 비하하거나 과대평가했던 모든 생각이 사라지고, 온전한 내가 될 수 있습니다. 이렇게 되면 더 이상 나를 평가하거나, 스스로에게 무언가를 강요하거나, 다른 사람들에게 나의 능력을 증명하지 않아도 됩니다. 이렇게 꾸밈없는 순수한 모습을 지닐 때, 마음속 깊이 자유와 평화를 느낄 수 있습니다.

오늘날 자신의 한계를 받아들이기 어려워하는 이들이 많습니다. 그들은 늘 최선을 다해야 한다고 생각합니다. 그렇게 생각하게 된 데는 광고나 언론의 영향이 큽니다. 우리는 늘 최고가 되길 바랍니다. 그러나 이런 바람은 실현할 수 없는 것입니다. 최고인 사람은 오로지 한 명뿐이기 때문입니다. 모두가 최고가 되길 바라기 때문에, 나머지 사람들은 만족하지 못하게 됩니다.

최고에 대한 이러한 강박은 영성 분야에서도 확인할 수 있습니다. 어느 분야에서도 최고가 되지 못했을 때, 자신이 가장 보잘 것없고 아둔한 사람이며, 큰 죄인이라고 비하하는 이들이 있습니다. 그러나 이는 자신의 부정적인 모습을 최대로 부각하여 다른 사람들에게 칭찬을 받으려는 것입니다. 큰 죄인임을 자처하는 사람에게 구체적인 잘못을 들이대면 격한 반응을 보이는 경우가 많습니다. 아둔하다고 자처하는 사람에게 그의 어리석은 행동을 넌지시 지적하면 매우 불편한 심기를 드러내기도 합니다. 그들은 적당한 정도를 지키지 못하고, 늘 특별한 존재가 되고자 하기에 이렇게 행동하는 것입니다.

특별한 존재가 되겠다는 생각은 버림받았던 기억에서 비롯되는 경우가 많습니다. 어린 시절에 버림받은 경험이 있는 사람은 자기애自己愛가 강한 나르시시스트의 면모를 보입니다. 이런 이들은 자신의 바람과 욕구에만 관심을 두고, 버림받았던 일에 더 이상 아파하지 않기 위해 자신의 탁월함을 내세우는 전략을 세웁니다. 그래서 자신의 특이한 점을 자랑합니다.

나르시시스트 성향을 가진 이들은 자신을 특별한 존재로 여기며, 자신이 특별하다는 것을 대중 앞에 드러내고자 합니다. 그러나 이런 태도는 그들을 치유하기는커녕 오히려 고착시킵니다. 그리고 자신이 탁월하다는 생각에서 일정 부분 만족감을 느낍니다. 그러나 이런 생각은 그들이 뒤쫓는 환상일 뿐입니다. 언젠가 자신의 진실한 모습, 곧 다른 사람들보다 뛰어나지 못한 나의 평범한 모습을 접하게 되기 때문입니다. 버림받았던 아픔을 잊으려고 나의 진실한 모습을 외면한 채 스스로가 탁월하다는 환상에 젖어

사는 것은 결코 유익한 일이 아닙니다. 이런 환상이 깨지면 그들은 비로소 자신이 정말로 버림받았으며, 완전히 혼자라고 느끼게 됩니다.

자신에 대해 과장된 생각을 갖게 되면, 스스로의 능력을 훨씬 뛰어넘는 물건을 사기도 합니다. 부자처럼 보이기 위해 대형 승용차를 구매하고, 가능한 한 비싼 곳으로 휴가를 떠나 자신의 수입으로는 감당할 수 없는 호사를 누립니다.

제 친구는 매년 가까운 친구 부부들과 함께 휴가를 갔습니다. 하지만 비용 문제는 어느 누구도 언급하지 않았지요. 그런데 언젠가 휴가 계획을 세울 때 제 친구가 어려움을 토로했다고 합니다. "이번에는 같이 갈 수 없을 것 같아. 우리 형편에 너무 부담되어서 말이야." 그러자 다른 친구도 그제야 그에 동조했다고 합니다. "우리도 비용을 감당하기 어려워." 한 사람이 용기를 내자 다른 사람들도 자신의 형편을 솔직히 드러냈습니다. 그때까지 그들은 부유한 친구의 기준에 맞추느라 경제적 어려움을 감당해 온 것입니다. 분수에 넘치는 옷과 자동차, 휴가지를 고르는 것은 열등의식 콤플렉스와 관련이 있습니다. 우리는 남보다 못나게 보이기 싫어 외적으로 뒤처지지 않으려 합니다. 그러나 자신의 한계를 인정할 때 오히려 자존감은 높아집니다.

어떤 부모는 자신의 아이들이 유명 의류 브랜드의 옷만 입으려 한다고 토로했습니다. 이런 비싼 옷을 입지 않으면 친구들 사이에서 놀림을 받는다는 것입니다. 하지만 친구들의 놀림에 맞서 자신의 가치를 당당하게 드러내지 못하는 것은 자녀의 자존감이 약하기 때문입니다. 자존감이 약하기에 분수에 넘치는 비싼 옷을 입고 부족한 자존감을 가려 보려는 것이지요. 하지만 그런 행위는 밑 빠진 독에 물 붓기와 같습니다. 원하는 만큼 비싼 옷을 사더라도 부족한 자존감은 채울 수 없기 때문입니다.

언젠가 명문가 사람들을 피정 지도했던 적이 있습니다. 이때 저는 그들의 자녀가 내적인 자유를 누리는 경우가 많다는 것을 발견했습니다. 자신을 다른 사람들에게 따로 과시할 필요가 없었기 때문입니다. 물론 이처럼 모두가 자존감이 강할 수는 없습니다. 하지만 약한 자존감을 가리려 하는 것보다 자존감을 높이기 위해 실질적인 노력을 하는 것이 더욱 가치 있습니다.

다른 사람에게만 최선을 다할 때

자신의 욕구와 상관없이 다른 사람들을 위해서만 전력을 다하는 사람들이 있습니다. 그런 태도는 오래 유지되지 못합니다. 다른 사람들을 돌보면서 기쁨을 느끼겠지만, 그렇다고 자신을 돌보는 일을 전적으로 등한시하면 결국 대가를 치르기 때문입니다. 자신의 욕구를 계속 도외시하면 갈수록 지치게 됩니다. 또한 다른 사람들을 돕는 즐거움뿐만 아니라 그들을 위해 투신할 능력과 힘도 잃게 되지요. 다른 사람들의 무덤덤한 반응에 공격적으로 변하기도 하고, 다른 사람이 나를 거부하는 경우도 생깁니다. 또한 자신을 도와주는 이의 관심을 성가시게 여기고, 구속한다고 느낀 나머지 등을 돌리기도 합니다. 도움을 주던 이는 이런 모습에서 실망을 느낍니다. 많은 것을 선물했는데 정작 이에 보답하지는 않는다고 생각하기 때문입니다.

우리는 언제나 주고받는 일 사이에서 균형을 잘 잡아야 합니다. 하지만 "많이 주는 사람에게는 많은 것이 필요하다."라는 격언처럼 사랑을 많이 받기 위해 다른 사람에게 사랑을 많이 베푸는 사람도 더러 있습니다. 그들은 애정을 쏟은 사람에게 사랑받기를 원할 뿐만 아니라 다른 사람에게도 인정받고 존중받기를 원합니다. 헌신적으로 사랑한다는 칭찬을 듣기를 바라는 것이지요. 그러나 내가 받기 위해서 남에게 베푼다면, 늘 손해를 본다고 느끼게 됩니다. 먼저 사랑을 받았고, 그 사랑이 자신 안에 흘러넘친 다고 느낄 때에만 지치지 않고 사랑을 베풀 수 있습니다. 베풀기만 한다고 느낀다면 진이 빠지고, 받기만 한다면 부담만 되기 마련입니다. 그러므로 우리는 주고받는 일 사이에서, 다시 말해 다른 사람들과 자신을 돌보는 일 사이에서 균형 있는 태도를 가져야 합니다.

가족을 위해 헌신했고 자식들에게 모든 것을 주었다고 말하는 한 여성이 있었습니다. 자식들은 이제 모두 출가해서 각자의 삶을 살고 있었지요. 그런데 그는 연락을 자주 하지 않는 자식들 때문에 마음에 상처를 입었습니다. 자식들을 위해 모든 걸 희생했지만, 이에 대한 대가가 돌아오지 않는다고 느낀 것입니다. 자식들에게 베푼 사랑에는 자식들이 고마워하기를 바라는 마음과 사랑받기를 바라는 마음이 있었을 것입니다. 가족에게 헌신함으로써 모든 이의 사랑과 칭송을 받는 어머니상을 스스로에게 적용했던 것입니다.

스포츠 동아리 활동에 열심인 한 남성이 있었습니다. 그는 한동안 동아리 활동에서 즐거움을 느꼈지요. 그러다 최근에는 동아리 회원들에게 이용당한다는 느낌을 받았습니다. 동아리 회의 때 이런저런 일을 할 사람을 구했는데, 아무도 나서지 않았기 때문입니다. 동아리 일에 적극적으로 나서고, 이런 일에 자원하는 사람은 언제나 그밖에 없었습니다. 그래서 화도 났고 실망감도 느꼈다고 합니다. 궂은일을 도맡아서 하는 데도 고마워하는 사람이 없었기 때문입니다. 자신이 이런 일을 하는 걸 모두 당연하게 생각했던 것입니다.

다른 사람들을 위한 봉사가 자신에게 즐거움을 주는 한, 우리는 한계에 대해 크게 걱정하지 않습니다. 그러나 분노하거나 실망하는 마음이 생기고, 이용당한다는 느낌이 든다면 이런 느낌을 진지하게 받아들여야 합니다. 자신이 할 수 있는 한도를 다시 곰곰이 생각해 보라고 알려 주기 때문입니다. 우리는 자신이 할 수 있는 한도를 넘어설 때 불만과 저항감을 느낍니다. 앞의 사례에 나온 남성은 더 이상 동아리 모임에 가고 싶지 않았고, 수고스러운 일도 맡고 싶지 않았습니다. 저항감을 느끼게 되면 우리는 그 저항감을 표출하게 됩니다. 그래서 그러한 활동을 어느 정도 해야 할지 다시 생각하게 되고, 자신의 태도를 바꾸게 됩니다. 지금까지는 그곳에서 무슨 일이든 하겠다고 마음먹었지만, 이젠 더 이상 그런 마음가짐을 갖지 않게 되는 거지요.

이는 자신이 할 수 있는 한도를 넘지 않는 것이 중요하다는 것을 가르쳐 줍니다. 그 한도를 찾으려면 나의 기분이나 감정에 주의를 기울여야 한다는 것도 가르쳐 줍니다. 우리의 감정은 내가 자기 자신을 소홀히 대하고 있는지, 나의 능력으로 어떤 일을 해낼 수 있는지, 그리고 한도를 일러 주는 마음의 소리를 흘려듣고 있는지를 알려 줍니다.

　프란치스코 살레시오(1567~1622년) 성인은 "사랑에는 한도가 없습니다."라고 말했습니다. 이 말은 하느님의 무한하신 사랑을 가리킵니다. 그런 하느님의 사랑은 우리 사랑을 평가하는 잣대가 되기도 합니다. 우리 사랑도 끊임없이 한계를 뛰어넘는 것이 되어야 하지요. 우리는 나의 배우자를 전적으로 사랑해야 합니다. 그러나 다른 한편으로는 자신의 한계를 인식해야 합니다. 인간은 하느님이 아니기 때문에 하느님처럼 무한히 사랑할 수는 없습니다. 따라서 자신의 한계를 인식하는 일은 언제나 인간적 사랑의 한 부분이라 할 수 있습니다.

　이는 가정에서도 마찬가지입니다. 친밀함과 거리감 사이에서 적당한 균형을 유지할 때 좋은 부부 관계를 형성할 수 있습니다. 스위스의 정신 분석학자인 페터 쉘렌바움(Peter Schellenbaum, 1939년

~)은 사랑하는 사이에서도 거절이 필요하다고 말합니다. 다시 말해 사랑하는 이와 어느 정도 거리를 둬야 하며, 상대에게도 같은 권리를 허용해야 한다는 것입니다. 부부나 연인 관계에도 상대를 질식시키는 사랑이 존재합니다. 그런 사랑은 상대에게 모든 것을 베풀지만, 또한 너무 많은 것을 기대하기도 합니다. 사랑의 기술은 무한한 사랑의 샘에서 사랑을 길어, 상대방에게 자신의 사랑을 늘 알맞게 보여 주는 데 있습니다. 여기서 '알맞다'는 말은 '적당한 정도'를 뜻합니다. 사랑은 상대방에게 도움이 되는 적당한 것이어야 합니다. 사랑하는 사람을 꼭 껴안더라도 숨 쉬지 못할 정도로 짓눌러서는 안 된다는 말입니다.

특히 부모는 자녀에게 사랑을 듬뿍 줍니다. 그러나 부모의 무절제한 사랑이 자녀를 짓누르는 경우가 더러 있습니다. 그런 사랑은 자녀에게 전혀 도움이 되지 않습니다. 저는 부모의 사랑에 압박감을 느낀 나머지, 부모를 저버리는 자녀를 수없이 봤습니다. 부모는 자녀의 그런 모습에 실망을 느끼지만, 자녀의 무심한 반응은 사랑을 표현할 때에도 적당한 정도를 지켜 달라는 요청이기도 합니다.

다른 사람에게 지나친 기대감을 가질 때

　자신에 대해 갖는 생각이 스스로를 향한 기대라고 한다면, 다른 사람들에 대해 갖는 생각은 그들을 향한 기대라고 할 수 있습니다. 우선 자신이 하찮다고 생각하는 사람은 다른 사람들을 높이 평가합니다. 자기 모습을 부정적으로 바라보지만 다른 사람들에게서는 최대한 긍정적인 모습을 찾습니다. 그래서 다른 사람은 나보다 능력이 많은데, 자신은 무능하다고까지 생각합니다. 이와 반대로, 자신에 대해 과장된 생각을 갖는 이들은 남을 쉽게 얕잡아 봅니다. 그들은 남을 비판적으로 보면서, 타인의 선행은 위선이고 사람들에게 잘 보이려는 목적을 갖고 있다고 생각합니다.

　우리는 이처럼 다른 사람을 잘못 평가하기도 하고, 때로는 지나친 기대를 갖기도 합니다. 그들이 완벽하고 늘 올바르게 행동하며 흠잡을 데 없는 본보기가 되는 사람일 거라고 생각하는 것이지요. 그러나 그들이 나의 기대에 못 미친다는 것을 확인하면, 실망하고 업신여깁니다. 이 두 가지 태도 모두 다른 사람들을 올바로 평가하는 태도라고 볼 수 없습니다.

　우리는 누군가를 우러러보고, 그가 이상적인 기준의 지향점이 되어 주길 갈망하기 때문에 다른 사람들을 과대평가하는 경우가 많습니다. 이는 주로 자신이 열등하다는 기억에서 비롯됩니다. 자신은 가치가 없기에 가치 있는 누군가가 필요하다고 생각합니다. 하지만 그런 생각은 공상에 지나지 않습니다. 우리는 현실을 통해 그런 생각이 공상에 불과하다는 것을 끊임없이 깨닫습니다. 그리고 그때마다 분노를 느낍니다. 그런 경우 기대를 했던 사람에게 이제는 자신의 무능함과 약점을 투사합니다. 스스로 비난했던 나의 모습을 그에게 덮어씌우는 것입니다. 이 때문에 다른 사람에 대한 비난은 결국 스스로를 심판하는 일이 됩니다. 그러나 그 사실을 결코 인정하지 못합니다. 왜냐하면 우리가 그들을 바라봤던 냉혹한 시선으로 자기 자신도 바라본다는 점을 가슴 아프게 인정하는 일이 될 테니 말입니다. 우리는 자신이 들이댔던 잣대가 정당하지 못한 것이었음을 인정하기 싫어합니다.

제가 뮌스터슈바르차흐 대수도원에 있는 영성 상담 센터 '레콜렉시오 하우스Recollectio-Haus'에서 일한 지도 22년이 넘었습니다. 저는 그동안 센터에서 제공되는 프로그램에 대한 기대치가 지나치게 높은 나머지 무리한 요구를 하는 사람들을 수없이 봐 왔습니다. 그들은 전문 지식과 선의에 기반을 둔 이 프로그램을 늘 깎아내리려고 합니다. 그런 행동의 이면에는 열등감이 자리 잡고 있는 경우가 허다합니다. 하지만 이를 인정하지 않고 오히려 영성 상담가나 프로그램을 탓합니다. 자신의 보잘것없는 모습과 마주하기 싫어 정신과 의사나 심리 치료사, 사목자가 별 도움이 되지 못했다고 말하기도 하지요. 자신의 참모습을 들여다볼 엄두를 내지 못하고, 평범한 자신의 모습을 있는 그대로 받아들이고 인정하려 들지 않습니다. 또한 괴롭다고 불평하며, 상담이 기대한 만큼 도움이 되지 못했다고 비난합니다. 그러나 이런 사람들의 요구는 지나친 경우가 많습니다. 그들은 상담이 자신의 문제를 해결해 주기를 바라지만, 정작 스스로는 변화하려 하지 않습니다. 또한 자신에 대한 과장된 생각을 버리지 못하면서 자기 영혼이 부정적 증상을 겪지 않기를 바랍니다. 그러나 부정적 증상은 우리 영혼이 자신에 대한 과장된 생각과 마주할 때 겪는 것입니다.

저는 구조 헬기를 타고 다니며 응급 상황에 처한 사람들을 돌보는 의사 한 명을 알고 있습니다. 그는 저에게 구급대의 도움을 받는 이들이 구급대원을 탓하는 경우가 많다는 이야기를 들려주었습니다. 특히 어떤 사람들은 자기 능력을 과신한 탓에 위급한 상황에 빠지곤 하는데, 위험을 감수하고 그런 사람을 구해 주면

"왜 이제 왔느냐?"며 비난을 퍼붓는다는 것입니다. 이런 이들 중 많은 수는 응급 처치에 대해서도 온갖 불평을 늘어놓는다고 합니다. 이런 행동을 어떻게 이해할 수 있을까요? 그들은 자신이 실수했다는 것을 인정하지 않고 자신이 처한 위험의 책임을 엉뚱하게 구급대원에게 돌리려고 하는 것입니다. 이러한 사람들이 늘어난다면 구급대원의 수는 계속 줄어들 겁니다.

다른 사람에 대한 지나친 기대는 사회의 여러 분야에서 확인할 수 있습니다. 그런 기대는 아무도 채울 수 없을 만큼 어마어마하게 크기도 합니다. 특히 대중으로부터 많은 기대를 받은 사람이 그 기대를 채우지 못할 경우, 나보다 못한 사람이라고 깎아내립니다. 언론을 통해 정치가나 종교인의 잘못이 보도되면 온 국민이 재판관 노릇을 합니다. 그 결과 당사자는 직책을 잃고 존엄성도 크게 훼손되며, 인간관계도 망가집니다. 대중의 비난은 파괴력이 엄청나서 적당한 정도를 찾아보기 어렵습니다. 이런 때에 심판하지 말라는 예수님의 말씀이 도움이 됩니다.

> ○ 남을 심판하지 마라. 그래야 너희도 심판받지 않는다. 너희가 심판하는 그대로 너희도 심판받고, 너희가 되질하는 바로

> 그 되로 너희도 받을 것이다. 너는 어찌하여 형제의 눈 속에 있는 티는 보면서, 네 눈 속에 있는 들보는 깨닫지 못하느냐?(마태 7,1-3)

누군가를 심판하면 자신도 언젠가는 심판받게 됩니다. 그들에게 들이댔던 잣대로 자신도 심판받게 되는 것입니다.

다른 사람의 기대에 휘둘릴 때

우리만 다른 사람에게 기대를 갖는 것이 아닙니다. 다른 사람들도 나에게 기대를 합니다. 우리는 자신에 대한 이러한 기대를 모두 채우려고 할 때 과중한 부담을 느끼게 됩니다. 그 기대와 바람은 매우 다양하기 때문입니다. 회사가 나에게 바라는 것은 가족이 바라는 기대와는 다릅니다. 회사 안에서도 상사와 동료가 내게 바라는 것이 각각 다릅니다. 고객이 나에게 바라는 것은 직장 동료가 나에게 바라는 것과 또 다릅니다. 자신에 대한 이러한 기대와 바람을 모두 채우려 한다면, 우리 몸은 무너지고 말 것입니다. 어떤 기대와 바람을 채우고자 할 때, 우리는 다른 바람이나 기대를 포기해야 합니다.

그럼에도 많은 사람들은 다른 사람이 자신에게 거는 모든 기대를 채우려고 애씁니다. 왜 그럴까요? 그 이유는 '무절제한 마음'에서 찾을 수 있습니다. 사랑받고 싶은 욕구를 절제하지 못하기 때문에 모든 힘을 소진하는 것입니다.

아버지가 운영하던 자동차 대리점을 물려받은 한 여성이 있었습니다. 그 일은 그가 이제껏 꿈꿔 온 것이었으나, 대리점을 물려받고 2년이 지나자 완전히 지치고 말았습니다. 일이 벅차 다른 직업을 구하는 편이 낫겠다는 생각까지 하게 되었지요. 그리고 상담을 받은 뒤에 자신이 지친 이유를 알게 되었습니다. 자신이 아버지의 기대를 채우는 데 온 힘을 쏟았기 때문이었습니다. 그래서 자신의 방식대로 대리점을 운영하겠다고 마음먹자 비로소 흥미를 되찾을 수 있었습니다.

우리는 끊임없이 부모·상사·동료·친구의 기대와 마주합니다. 그들의 기대가 늘 말로 표현되는 것은 아니지만, 우리는 곧 그 기대를 알아차릴 수 있습니다. 그럴 때 저는 다음과 같이 생각합니다.

'내게 기대를 해 줘서 고마워. 하지만 네 기대를 채울지는 내가 결정할게. 사실 네 기대를 이뤘는지는 내게 중요하지 않아. 내가 모든 기대를 만족시킬 수 있는 것은 아니거든. 내겐 하느님께서 주신 계획대로 사는 게 더 중요한 문제야. 그럴 때 내게 알맞은 정도를 알게 되고, 내 본모습을 찾게 되니까.'

저는 다른 사람의 기대에 짓눌린 이들을 많이 봐 왔습니다. 그들은 회사나 가족, 친구들이 자신에게 거는 기대를 저버리지 못해 스스로를 억압하며, 자신의 한계를 고백할 엄두를 내지 못합니다. 물론 다른 사람들이 우리에게 거는 기대를 무시해서는 안 됩니다. 그것은 그들에 대한 무관심으로 비칠 수 있기 때문입니다. 그렇다고 우리가 이러한 기대에 반드시 부응해야 할 의무가 있는 것은 아닙니다. 우리는 그 기대에 자유롭게 응답할 수 있습니다. 그리고 자신이 지닌 자유와 한계를 자각할 때, 비로소 다른 사람의 기대에 적절하게 응답할 수 있습니다. 어떤 기대는 채울 수 있고, 어떤 기대는 채울 수 없겠지요. 다른 사람들의 기대를 언제, 어떻게, 어디까지 채울지는 스스로가 자유롭게 결정해야 합니다.

많은 내담자들이 다른 사람의 기대를 저버렸을 때 양심의 가책을 느꼈다고 합니다. 그들 마음에는 다른 사람의 기대를 모두 들어주라고 닦달하는 '초자아'라는 재판관이 존재합니다. 이 재판관은 "사람들의 사랑을 받으려면 시키는 대로 해."라고 말하며, 우리 마음속에 양심의 가책을 불러일으킵니다. 이러한 양심의 가책은 쉽게 가라앉지 않고, 끈질기게 영향을 끼칩니다. 그런데 양심의 가책 뒤에는 자기 자신에 대한 과도한 요구가 숨어 있습니다. 이 요구는 바로 일생 동안 죄를 짓지 말고 모두의 마음에 드는 행동만 하라는 것입니다.

화내고 격분할 때

정당한 이유가 있다면 화내도 괜찮을까요? 이 질문에 그렇다고 대답하는 사람이 많습니다. 저는 이러저러한 경우에는 화내야 한다는 말을 종종 듣습니다. 잘못을 보면 참지 말고 즉시 화내야 한다고 말이지요. 또한 교회도 화낼 줄 알아야 한다고 합니다. 교회가 잘못된 모습을 보이면 이러한 일을 저지른 사람에게 화내야 한다는 것입니다.

그러나 화내는 것도 극단적인 태도라 할 수 있습니다. 화내는 것은 자신이 다른 사람보다 낫다고 생각하고 상대를 얕보는 행위입니다. 우리에게는 다른 사람을 얕볼 권한이 없습니다. 또한 잘 알지 못하는 사람에 대해서 어떤 판단도 내려서는 안 됩니다. 누군가의 행동을 보거나 그 행동에 관해 들었다 하더라도 그를 잘 안다고 할 수 없기 때문입니다. 다른 사람에 관해 온전히 알지 못하면서 그를 심판하며 이러쿵저러쿵 하는 것은 올바른 태도라고 할 수 없습니다.

4세기 수도자들은 자기 자신이나 다른 사람에 대한 판단을 하느님께 맡기라고 배웠습니다. 그래서 이들은 잘못을 저지르는 사람을 볼 때마다 "제가 잘못을 범했습니다." 하고 말했습니다. 어쩌면 이런 태도가 지나친 듯 보이기도 합니다. 하지만 4세기 수도자들이 이렇게 한 것은 다른 사람의 행동에서 자신도 같은 잘못을 저지를 수 있다는 사실을 간파했기 때문입니다. 마치 거울을 본 것처럼 느낀 것이지요. 이러한 시각은 우리가 겸손한 태도를 지닐 수 있도록 이끕니다. 또한 스스로가 다른 사람보다 낫다고 생각하거나 다른 사람에게 화내지 않도록 해 줍니다.

누군가에게 화를 내는 것은 자신의 잘못에 대해 눈을 감는 행동입니다. 나에게 달라붙은 잘못이라는 더러움을 희생양에게 덮어씌우고, 자신은 더러움에서 벗어나려는 행동이지요. 그러나 그렇게 해도 결코 더러움에서 해방될 수 없습니다. 오히려 다른 사람의 잘못을 진지하게 살펴보면서, 자신 안에도 비슷한 경향이 있음을 깨달을 수 있어야 합니다. 그러므로 진실을 고백하고, 자신의 한계와 부족함, 약함을 인정하며, 다른 사람을 판단하지 않는 겸손과 용기가 필요합니다.

우리 주변을 보면 단순히 화내기만 하는 게 아니라 '격분하는' 사람도 많습니다. '격분하다'는 독일어로 '엔트뤼스텐entrüsten'이라고 하는데, '엔트ent-'는 '떼어냄, 벗김', '뤼스텐rüsten'은 '단장하다, 치장하다'라는 의미입니다. 따라서 누군가에게 '격분한다'는 것은 그 사람의 장신구를 빼앗고 그의 품위를 떨어뜨리며 다른 사람들 앞에서 모욕을 준다는 뜻입니다.

독일어 '뤼스퉁Rüstung'은 '(전투를 위해) 무장, 무기를 갖추는 일'을 뜻합니다. 따라서 '격분'을 의미하는 '엔트뤼스퉁Entrüstung'은 누군가에게서 무기를 뺏는 것을 의미합니다. 이렇게 무장 해제된 사람은 더 이상 자신을 방어하지 못하고 다른 사람 앞에 벌거벗은 모습으로 서 있게 됩니다. 이런 의미에서 누군가에게 격분한다는 것은 몸을 숨겼던 갑옷을 빼앗는 것을 뜻하기도 합니다. 그렇게 되었을 때 그 사람은 외부 공격에 무방비로 노출되지요.

우리는 사소한 것에 화를 내고 격분할 때가 많습니다. 사소한 일을 크게 부풀려 지나치게 화를 내는 것입니다. 이러한 행동을 통해 내적인 압박감에서 해방되었다고 착각합니다. 격분해야 스트레스가 풀리고 나의 잘못이 사라진다고 느끼는 것입니다. 그러나 누군가에게 격분한다고 해서 마음의 응어리가 풀리고, 잘못을 저지를 수 있는 가능성이 줄어드는 것은 아닙니다. 오히려 격분한 마음을 자세히 살펴보면, 자기 잘못을 깨닫자마자 나의 보잘것없는 모습을 바라보지 않기 위해 화낼 대상을 찾는 경우가 많습니다. 수렁에 빠진 자기 모습을 인정하고 싶지 않아 내가 다른 사람보다 낫다고 생각하며 격분하는 것입니다.

평범한 나의 모습 받아들이기

앞의 여러 가지 태도를 살펴보면서 우리는 자신을 올바르게 판단하는 것이 중요하다는 것을 배웠습니다. 자신을 올바르게 판단하지 못하면 나의 한계와 평범함을 받아들이기 어려워합니다. 그러나 슬기로운 사람은 언제나 자신이 평범하다고 고백합니다. 도교道敎에서는 "도道는 평범한 데서 온다."라고 했는데, 특히 노자老子는 모든 존재의 신비는 평범한 것에서 찾을 수 있다고 말했습니다. 그러나 우리는 자신의 평범함을 받아들이기 힘들어합니다. 나의 평범한 모습에서 슬픔을 먼저 느끼기 때문입니다. 우리는 열망했던 것만큼 자신이 완전하거나 영성이 깊거나 지적이거나 창의적이지 못하고, 인기도 없으며, 성공을 거두지 못하는 것을 슬퍼합니다. 이러한 '슬픔'을 통해 과장된 자기 모습과 이별하는 것이 얼마나 힘든지 잘 알 수 있습니다. 우리는 과대포장된 자신과 함께 성장해 왔기 때문에 그런 생각에서 벗어나고자 할 때 아픔과 슬픔을 느낍니다. 그러나 그런 아픔을 견뎌 낼 때 우리는 영혼의 밑바닥에 이르게 됩니다. 그곳에서 자기 자신과 하나 되고, 내적 진실과 자유를 발견할 수 있습니다. 다른 사람의 평가에 더 이상 신경 쓰지 않으며, 온전히 자기 자신이 될 수 있습니다. 또한 그곳에서 하느님께서 창조하신 모습 그대로를 받아들일 수 있습니다. 내가 하느님께서 창조하신 단 하나뿐인 존재라는 것을 깨닫고, 나아가 자신의 가치와 존엄성도 깨달으며, 있는 그대로의 모습에 감사하게 되는 것입니다.

　'자신의 평범함을 인정한다.'는 것은 '자기 자신'뿐만 아니라 '자신의 평범한 삶'도 받아들인다는 의미입니다. 예수님께서는 도발적인 말씀으로 그 사실을 일깨워 주십니다. 예수님의 말씀에 마음이 불편해진다면 그 말씀이 우리 상처를 건드리고 있기 때문입니다.

○ 너희 가운데 누가 밭을 갈거나 양을 치는 종이 있으면, 들에서 돌아오는 그 종에게 "어서 와 식탁에 앉아라." 하겠느냐? 오히려 "내가 먹을 것을 준비하여라. 그리고 내가 먹고 마시는 동안 허리에 띠를 매고 시중을 들어라. 그런 다음에 먹고 마셔라." 하지 않겠느냐? 종이 분부를 받은 대로 하였다고 해서 주인이 그에게 고마워하겠느냐? 이와 같이 너희도 분부를 받은 대로 다 하고 나서, "저희는 쓸모없는 종입니다. 해야 할 일을 하였을 뿐입니다." 하고 말하여라. (루카 17,7-10)

사람들은 자신이 하는 일이 모두 특별하다고 여깁니다. 그래서 남을 도운 일을 여기저기 떠들썩하게 알리고, 내가 이룬 일을 탁월한 업적이라 생각합니다. 또한 다른 사람에게 칭찬을 받기 위해 자신의 성공을 떠벌리며, 끊임없이 자신을 드러내려 합니다. 그러나 예수님께서는 자신이 하는 일에 대해 자만하지 말라고 경고하십니다. 우리는 그저 하느님과 자기 자신, 다른 사람을 위해 지금 해야 할 일을 수행해야 한다는 것입니다. 좀 더 직설적으로 표현하자면 "당장 해야 할 일을 하여라."는 겁니다. 우리는 나의 행위를 종교적 덕행으로 드높이거나, 남보다 낫다고 여기거나, 자신의 행동을 과대 포장해서는 안 됩니다. 그저 내가 하는 행위 안에 머물러야 합니다. 그것이 바로 중용을 지키며 사는 길입니다. 그럴 때 다른 사람들의 공감을 얻게 됩니다.

베네딕토 성인은 《수도 규칙서》의 '겸손'과 관련된 장章에서 앞에 언급한 예수님의 비유를 상기시킵니다. 그래서 수도자는 자신이 가장 미천하고 보잘것없는 존재이며, 자신에게 맡겨진 일에 합당치 못한 일꾼이라고 여겨야 한다고 말합니다.

○ 저는 아무짝에도 쓸모없고 아무것도 모릅니다. 짐 실은 나귀처럼 저는 당신 앞에 있고, 영원히 당신 곁에 머물 뿐입니다.(《수도 규칙서》 7,49 이하)

저는 수련기 때 베네딕토 성인의 '겸손'에 관한 가르침을 전혀 받아들일 수 없었습니다. 제 안에 저항하는 마음이 일었기 때문입니다. 저는 모든 것에 만족하는 수도자보다 업적을 남기는 수도자가 되고 싶었습니다. 교회에 새로운 신학 이론을 제시하고 사람들의 마음을 얻을 수 있기를 바랐습니다. 그러나 나이가 들수록 베네딕토 성인의 슬기로운 가르침을 마음에 더욱 새기게 되었습니다. 제가 매우 존경하는 네덜란드의 가톨릭 신부이자 신학자, 심리학자였던 헨리 나우웬(Henry Nouwen, 1932~1996년)은 트라피스트회 수도원에 머물 때 저와 비슷한 체험을 이야기한 적이 있습니다.

> O   저는 글을 쓸 때 늘 실제보다 더 재미있게 쓰고 싶은 유혹에 빠집니다. 글을 통해 스스로를 과시하고 싶은 것이지요. 말을 할 때도 모두의 관심을 한 몸에 받고 싶어 합니다.

대부분의 사람은 늘 어떤 일을 해내야 한다는 강박 속에 살아갑니다. 또한 내가 영성이 깊고 지적일 뿐만 아니라, 많은 성과를 내고 뛰어난 재능을 지녔으며, 다른 사람에 대한 관심이 많고, 경험이 풍부한 사람이기 때문에 함께 이야기를 나눌 만하다는 점을 남들에게 알리고 싶어 합니다. 그러나 베네딕토 성인은 자신을 과시하려 들지 말고 그저 맡은 일을 수행하라고 권고합니다. 그리고 내가 당장 해야 할 일을 하라고 말하며, 자신을 남보다 나은 존재가 아니라 '남들의 짐을 실어 나르는 나귀'쯤으로 생각하라고 가르쳤습니다.

우리는 늘 타인의 기대와 요구를 받는 존재인 동시에 언제나 하느님 앞에 있는 존재이기도 합니다. 저는 맡은 일에 최선을 다하려고 노력합니다. 공명심功名心 때문이 아니라, 맡은 일에 헌신하려는 마음 때문입니다. 저는 제가 맡은 일을 어느 누구보다 더 훌륭하게 수행할 수 있다고 생각하지 않습니다. 그저 남들이 저에게 실은 짐을 목적지까지 성실하게 운반하는 나귀라고 생각할 뿐입니다.

자신이 평범하다는 사실을 인정할 때, 우리는 맡은 일을 더 훌륭히 수행할 수 있습니다. '자신을 평범하다고 여기는 것'과 '자신을 무능하다고 여기는 것'은 완전히 다릅니다. 자신이 무능하다고 생각한 나머지, 남들이 내게 기대하는 일을 회피하는 사람들도 있습니다. 그들은 "난 그 일을 할 수 없어. 그럴 능력이 없다고."라고 말합니다. 그것은 변명에 지나지 않습니다.

'짐을 성실하게 운반하는 나귀'는 맡은 일을 피하지 않습니다. 성실한 나귀는 자기 능력을 의심하는 일 없이 그저 맡은 일을 수행합니다. 물론 새로운 일을 추진할 창의적인 사람도 필요하지요. 그러나 여럿이 함께 일을 하다 보면 지시를 내리는 '추장들'만 있고 정작 일을 수행할 '인디언들'은 없는 경우가 많습니다. '나는 그런 일을 하기에는 너무 수준이 높아. 그런 일은 다른 사람이 하면 돼.'라고 생각하는 이들이 많아서 그렇습니다. 모두가 자신은 수준이 높다고 자처하기 때문에 정작 필요한 일을 수행할 사람은 갈수록 찾기 힘들어집니다. 오늘날 우리는 자신의 평범한 모습을 받아들이라는 예수님의 말씀과 베네딕토 성인의 '겸손'에 관한 가르침에 거부감을 느끼는 경우가 많습니다. 그러나 그 말씀은 우리에게 큰 도움이 됩니다. 그 말씀은 적당한 정도를 분명하게 제시하기 때문입니다.

텔레비전의 토크쇼나 예능 프로그램에서 출연자들이 가능한 한 멋진 인상을 남기거나, 자신을 특별한 사람인 척 포장하여 시청자의 관심을 끌기 위해 애쓰는 모습을 보게 됩니다. 자신을 선전하기에 바쁜 그들의 모습은 더러 불쾌감을 주기도 합니다. 그들은 말의 의미를 생각지 않고 무조건 말을 많이 하려고 하기 때문에 그곳에 진정한 대화란 존재하지 않기도 합니다. 그들이 예수님의 말씀과 베네딕토 성인의 가르침에 귀를 기울인다면 더 이상 극단적으로 과장된 행동은 하지 않을 겁니다. 나아가 남의 이야기에 귀 기울이고 진심을 담아 답변하는 진정한 대화를 나누게 될 것입니다.

제 2 장
중용의 길을 걷다

딱! 알맞게
살아가는 법

중용을 따르고자 한다면

●

중용의 필요성을 가장 쉽게 찾아볼 수 있는 곳은 바로 자연입니다. 자연은 지난 수백 년 동안 인간이 저지른 무분별한 행태로 인해 크게 훼손당했습니다. 그리하여 우리의 생활 여건도 크게 악화되었지요. 이를 통해 우리는 자연이 고유한 한계를 지니고 있다는 것을 잘 알게 되었습니다. 또한 자연에 속한 인간 역시 고유한 한계를 지니고 있다는 것을 알게 되었습니다. 아울러 이를 통해 적절한 정도는 어디까지이고, 우리의 한계는 어디까지인지도 알게 되었습니다.

하느님의 피조물인 자연 지키기

'보전保全'은 원래 임업林業에서 쓰던 용어입니다. 숲에서 나무를 벤 만큼 나무를 심어, 거둔 양과 새로 자라는 양이 균형을 이루도록 해야 한다는 뜻이었습니다. 오늘날 이 용어는 여러 곳에서 쓰이고 있습니다. 우리는 자연을 착취하기보다는 자연이 유지되는 선에서 이용해야 합니다. 물고기 남획을 막아 바다에서 어린 물고기들이 자랄 수 있게 해야 합니다. 또 경작지를 너무 많이 개발하거나, 농작물을 지나치게 많이 심는 일도 피해야 합니다. 화학 비료를 사용하여 무리하게 성장을 촉진하는 일도 없어야 할 것입니다.

에너지 절약을 실천하며, 되도록 지속 가능한 에너지를 사용하는 것도 마찬가지입니다. 에너지의 무분별한 이용은 기후 변화를 가져오고, 기후 변화는 우리 삶에 나쁜 영향을 끼칩니다. 바다의 수위가 높아지고 홍수가 자주 발생하는 것을 예로 들 수 있습니다. 기후 변화는 농사에도 영향을 끼칩니다. 농작물이 자라지 않는 지역들이 생겼고, 농작물의 성장과 수확 주기가 바뀌어 이 주기를 지속적으로 주의 깊게 관찰하는 일이 중요해졌습니다.

환경 보전은 인간의 이성理性을 따르는 일입니다. 자연을 착취하는 사람은 이성이 제시하는 논거를 무시하는 사람이라 할 수 있습니다. 그런 사람은 자기 자신을 속이고, 자연을 착취한 결과를 못 본 체하지요. 후손들에게 착취의 결과를 떠넘기게 되면, 그들은 지금 우리가 자연을 해친 만큼 고통을 당하게 됩니다. 따라서 우리가 그 고통을 헤아려서 행동한다면, 자연을 보전할 수 있습니다.

하지만 인간의 이성만으로 자연을 보전하려고 하면 부족한 점이 많습니다. 자연을 잘 보전하려면 자연과 내적으로 교감하고, 인간도 자연의 일부라고 인식해야 합니다. 자연에는 하느님의 영이 깃들어 있으며, 우리는 자연 안에서 하느님과 만나기에, 자연과의 영적인 교감이 반드시 필요합니다. 자연은 하느님의 아름다움을 담고 있습니다. 우리는 자연의 아름다움에 눈뜰 때, 비로소 경외심을 갖고 자연을 대하게 됩니다. 자연을 하느님의 피조물로 바라보고 존중할 때에만, 환경을 보전하려는 노력이 뒤따르게 됩니다.

환경 운동은 좋은 활동입니다. 하지만 환경 운동가들은 자연을 보전해야 할 이유로 윤리만 내세우는 오류를 범하곤 합니다. 그 결과 삶에는 기쁨 대신 양심의 가책만 가득하게 됩니다. 그들은 언제나 부정적 현상만 나열하고, 불길한 말만 쏟아내곤 합니다. 그러나 자연을 보전하려는 노력은 그것이 삶의 기쁨이 되고 삶을 아름답게 만드는 일이 되었을 때 성공을 거둘 수 있습니다. 러시아의 작가인 도스토옙스키(Fjodor M. Dostojewski, 1821~1881년)는 '아름다움'을 우리 삶을 움직이는 가장 중요한 원동력으로 꼽았습니다. 그는 "아름다움이 세상을 구원한다."라고 말했지요. 우리는 자연과 만날 때 이 말의 의미를 깨닫습니다. 나뭇잎 틈으로 비치는 햇살에, 이슬을 머금은 풀잎에 가슴이 두근거리는 경험을 하게 되면 자연을 보전해야겠다는 생각을 하지 않을 수가 없습니다. 자연이 품은 이러한 아름다움은 자연을 보전하려는 노력을 성공적으로 이끌 수 있는 가장 중요한 원동력인 것입니다.

나 자신 지키기

우리가 보전해야 할 대상은 자연뿐만이 아닙니다. 우리는 사람도 보전해야 합니다. 요즘에는 '환경 보전'을 기치로 내걸고 친환경 경영을 내세우는 회사들이 많습니다. 그러나 그런 회사들도 직원들한테는 가차 없이 대하는 경우가 많습니다.

베네딕토 성인은 "수도원장은 동료 수사들의 능력에 한계가 있음을 알아야 한다."라고 말했습니다. 이 말은 수사들을 혹사하는 일이 없어야 한다는 말입니다. 성인은 선조인 야곱을 예로 들며, 혹사는 사람을 죽음으로 내모는 행위라고 경고했습니다. 베네딕토 성인은 하루 일과를 기도와 노동으로 적당하게 배분하여, 수사들이 혹사당하지 않게 배려했습니다. 또한 노동에 과도한 시간을 할애하는 것을 결코 허락하지 않았습니다.

우리는 자신의 에너지를 보전할 수 있는 방법을 자연에서 배울 수 있습니다. 자연에서 '보전'이라는 말은 '잘라 낸 줄기에서 새싹이 다시 자람'을 뜻합니다. 이 말을 우리의 일에도 적용할 수 있습니다. 일하는 데 쏟아부었던 에너지를 다시 얻으려면 '회복'의 시간이 필요합니다. 집에서 쉬는 시간, 퇴근 후 여가 시간, 잠자는 시간, 고요히 묵상하거나 기도하는 시간이 이에 해당하지요. 의도적으로 아무 일도 하지 않고 휴식을 취할 때, 에너지를 되찾게 됩니다.

그런데 여가 때에도 계속 일하는 사람이 많습니다. 그들은 어떻게 휴식을 취해야 할지 모르기 때문에 끊임없이 일만 합니다. 고요함을 견디지 못하는 것입니다. 삶을 성찰하게 되는 것이 두려워 고요함을 피하는 사람도 많습니다. 고요함 속에 있으면, 자신이 경험하지 못한 삶을 보게 되고, 진정한 내 모습과 동떨어진 삶을 살고 있음을 깨닫기 때문입니다. 그런 까닭에 고요한 순간을 무엇인가로 채우려 하고, 그런 태도로 인해 항상 피곤해합니다. 내적인 에너지를 회복할 시간을 갖지 못했기 때문이지요. 그들은 평온을 갈망하지만, 고요함을 누리지 못해 평온도 얻을 수 없습니다.

자신의 에너지를 보전하려면 휴식을 취해야 합니다. 하지만 휴식 시간에 계속 일을 하진 않지만, 메일에 답장하는 것과 같은 잡무를 처리하는 사람들이 있습니다. 그런 행동은 휴식을 취하는 것이라 할 수 없습니다. 내적인 에너지를 회복하려면 온전한 휴식이 필요합니다. 뇌 연구 결과에 따르면, 뇌도 휴식을 취해야 재정비될 수 있다고 합니다. 그래서 강도 높게 일만 하는 사람보다 휴식을 취하는 사람이 더 창의적이고 능률적입니다. 저는 글을 쓸 때 생각이 더 이상 떠오르지 않으면, 침대에 누워 10분간 휴식을 취합니다. 그때는 뭘 써야 할지 고민하지 않습니다. 10분간 책에 관한 생각을 멈추기만 해도 무엇을 쓸지 좋은 생각이 떠오르게 됩니다.

언젠가 약초를 재배하는 한 여성이 제게 겨울철에는 약초 뿌리를 캐지 않는다고 말해 주었습니다. 이 기간에는 약초 뿌리가 대지의 치유력을 흡수하기 때문에, 약초에 손대지 말아야 한다는 것입니다. 교회도 그러한 자연의 지혜를 받아들여, 겨울철에는 고요한 시간을 갖고 자신의 뿌리를 돌보도록 우리를 초대합니다. 이 시기에 교회는 '모든 성인 대축일'과 '위령의 날', '대림 시기', '주님 성탄 대축일', '주님 봉헌 축일'을 지냅니다. 우리에게 자신의 뿌리를 의식할 좋은 기회를 제공하는 것입니다. 약초가 뿌리를 통해 치유력을 얻으려면, 뿌리에 양분이 공급되어야 합니다. 한 해를 잘 지내려면, 기도와 묵상, 대화와 고요함을 통해 우리의 뿌리에도 양분이 공급되어야 하지요.

나아가 베네딕토 성인은 에너지를 보전하려면 슬픔과 불평에서 벗어나야 한다고 생각했습니다. 특히 수도원 재정 관리자는 어떤 수사에게도 큰 부담이 되지 않도록 모든 일을 적당히 배분해야 한다고 말했습니다. 또한 수사들이 청하지 않더라도 그들에게 필요한 것을 지급해야 한다고도 했습니다.

o 정해 놓은 시간에 지급해야 할 것은 지급하고, 청해야 할 일은 청해야 합니다. 누구도 하느님의 집에서 혼란이나 슬픔을

느끼는 일이 없어야 합니다. (《수도 규칙서》 31,18 이하)

베네딕토 성인은 공동체 생활을 위협하는 요소로 '슬픔'과 '불평'을 꼽으며, 수도원장과 수도원 재정 관리자는 동료 수사들이 공동체 안에서 기쁘게 생활하고 일할 수 있도록 보살펴야 한다고 말했습니다. 수도원의 모든 일은 규정을 통해 합당하게 관리되어야 한다는 것입니다. 베네딕토 성인은 수사들의 공동체 생활이 합당하게 관리되지 못할 때만 불평이 나온다고 생각하지는 않았습니다. 어떤 수사는 모든 일에 불평하고, 만족을 모르기도 합니다. 베네딕토 성인은 그런 수사에게는 엄격히 벌을 줘야 한다고 말했습니다. 물론 오늘날에는 그런 일로 벌주기가 어렵습니다. 그러나 그들에게 이유를 묻고, 이러한 불평이 올바르지 못한 행동임을 일깨워야 합니다. 불평 뒤에는 지나친 기대가 숨어 있기 때문입니다.

오늘날 '불평'은 '불만'으로 표출됩니다. 사람들은 흔히 자신이 받는 임금이나 관심, 사랑이 너무 적다고 불만을 드러냅니다. 그러나 '부족한 것'만 바라보면 결코 만족할 수 없으며, '불평'이 우리 안에 자리 잡게 됩니다. 베네딕토 성인은 '불평'을 매우 엄격히 다뤘습니다. '불평'은 성공하는 삶에 꼭 필요한 '감사'와 '기쁨'을 가로막기 때문입니다.

'불평'은 유아적인 태도입니다. 파스칼 브뤼크네르는 자신의 책 《나는 괴로워한다, 고로 존재한다 Ich leide, also bin ich》에서 "아기를 '인간의 미래'라고 할 수 있을까요?"라고 묻습니다. 그는 장차 인간이 '덩치만 크고 남들에게 요구만 하는 나이 먹은 아기'가 될 것이라고 생각합니다. 아기가 원하는 것을 얻지 못하면 칭얼거리듯, 불평만 하게 될 것이라는 이야기입니다. 그러한 유아적 바람은 현실과 어긋나는 경우가 많습니다. 기대한 환상이 이뤄지지 않으면 결국 불평만 하게 되고 맙니다.

베네딕토 성인은 수도원의 책임자들에게는 불평할 일을 만들지 말라고 경고하는 한편, 수사들에게는 불평이라는 악습에서 벗어나야 한다고 가르쳤습니다. 수사들은 자신이 가지는 기대가 환상이라는 것을 깨달을 때, 비로소 불평에서 벗어나게 됩니다. 불평하는 사람은 유아적 태도에서 벗어나 성숙한 태도를 지녀야 합니다. 이런 사람들은 갖고 싶은 것을 얻지 못해 징징거리고 덩치만 큰, 나이 먹은 아기와 같습니다.

간소한 삶이 주는 기쁨

베네딕토 성인은 이미 1,500년 전에 '불평'이라는 악습에 관해 설명하며, 만족하지 못하는 태도를 신랄하게 비판했습니다. 하지만 만족하지 못하는 태도는 오늘날 우리 사회의 특징이기도 합니다. 오늘날 우리는 어느 것에도 만족하지 못하며, 모든 걸 갖고 있어도 부족하다고 느낍니다. 한편으로는 자신에게 전혀 필요하지 않은 것도 갖고 싶어 합니다. 이웃이 새 차를 샀다는 사실에 자극을 받아 차를 새로 사야겠다고 생각하지요. 지금 가진 차가 제 역할을 충실히 수행하고 있는 데도, 더 이상 그 차에 만족하지 못하게 되는 겁니다. 이처럼 우리는 다른 사람과 비교하며 계속해서 더 많은 것을 가지고 싶어 합니다. 마음의 중심을 잃은 나머지 지나친 것을 기대하는 것입니다.

이들과는 다르게, 많은 것을 가지려는 태도가 행복도, 만족감도 가져오지 못한다는 사실을 깨달은 사람들이 근래에 "간소한 삶을 살자!"라는 기치를 내세운 운동을 벌였습니다. 집 안의 잡동사니를 치우고, 자신에게 필요하지 않은 물건들은 남에게 선물하거나 버리자는 것이지요. 그러면 더 큰 자유를 누리게 된다는 것입니다.

이렇게 '적게 가지는 편이 더 낫다'는 사실을 깨달은 사람들이 점점 늘고 있습니다. 할인 기간에 무턱대고 산 물건들로 가득 찬 집은 편안함을 주지 못합니다. 거기에는 숨 쉴 공간조차 없습니다. '간소한 삶'은 집 안의 잡동사니를 치우는 일에서 시작됩니다. 그다음에는 달력에 적힌 자신의 일정을 정리해야 합니다. 달력에는 피트니스 센터에 가거나 상담을 받으러 가는 것 같은 해야 할 일들이 빼곡히 적혀 있지요. 우리는 꽉 찬 일정으로 인해 오히려 제대로 된 삶을 살 수 없게 됩니다. 해야 할 일로 가득 찬 일정 또한 편안함과는 거리가 멉니다.

나의 한도에 맞게 일하기

오늘날 많은 사람은 녹초가 되도록 일합니다. 이런 상태에 이르는 것은 대부분 과로와 관련이 있습니다. 저는 녹초가 되어 찾아온 내담자들에게 과로하게 된 이유가 무엇인지 늘 묻습니다. 그들은 대부분 그 탓을 회사에 돌리곤 합니다. 회사가 자신에게 너무 많은 것을 요구하고 기대하며, 계속 압박한다는 것입니다. 그러나 과로는 자신의 선택입니다. 그들은 다른 사람들에게 끝없이 일할 수 있다는 인상을 심어 주는 한편, 어떤 약점도 보이려

하지 않았기 때문에 과로할 수밖에 없었던 것입니다. 그들은 남 앞에서 자신의 한계를 인정하고 변명하는 것을 두려워했기에 타인의 요구를 거절하지 못한 것입니다. 자신에 대한 다른 사람들의 기대와 요구에 전적으로 부응하려 하면 마음의 중심을 잃게 됩니다. 마음의 중심을 잃은 사람은 자신의 한도도 잃게 되고, 자신을 속이게 되지요. 그래서 자기 자신을 압박하고, 그렇게 자신을 해치게 됩니다. 그와 반대로, 마음의 중심을 잃지 않은 사람은 외부의 압박에 휘둘리지 않고 창의적으로 대응합니다.

    과로하는 사람과 일을 많이 하는 사람은 다릅니다. 과로한다고 해서 항상 일을 많이 하는 것은 아닙니다. 오히려 일을 즐기는 사람이 더 많이 합니다. 그런 사람은 자신의 한도를 알고, 자신의 느낌에 귀 기울입니다. 또한 즐겁게 일하기 때문에 지치지 않습니다. 반면 모든 이에게 사랑받아야 하고, 모든 기대를 충족시켜야 하며, 늘 좋은 모습만 보이겠다는 병적인 욕망이나 완벽주의를 추구하는 사람은 금방 지치게 됩니다. 오랜 시간 자신의 한계에 이를 때까지, 심지어 한계를 넘어서까지 일을 하게 되면, 그의 몸과 마음은 어느 때고 분명 문제가 생길 것입니다. 게다가 그러한 문제는 대체로 질병과 함께 옵니다.

저는 강연하기를 좋아하지만, 때로는 강연을 거부하는 마음이 생기기도 합니다. 이는 강연을 그만하라는 마음의 신호입니다. 이러한 느낌은 제가 하는 일에 한도를 정해 줍니다. 회사의 지시가 합리적이지 못하고 지나치다고 여겨, 그것에 저항감을 느끼는 사람은 그 느낌에만 머물러서는 안 됩니다. 사장에게 회사의 요구가 지나치다고 말해야 합니다. 물론 정말 급한 경우에는 하루 이틀 정도 자신의 한계를 넘어서서 일할 수도 있습니다. 그러나 되도록 빠른 시일 내에 자신의 한도로 되돌아와야 한다는 것을 잊어서는 안 됩니다.

다음은 어느 사냥꾼에 관한 이야기입니다. 이 이야기는 우리가 중용을 지킬 때에만 오래도록 일을 잘할 수 있고, 삶을 제어할 수 있다는 사실을 일깨워 줍니다.

> ○ 사막에서 사냥을 하던 사람이 있었습니다. 어느 날 그는 나이 많은 안토니오 아빠스가 수사들과 빈둥거리는 모습을 보았습니다. 수사들이 빈둥거리는 모습을 본 사냥꾼은 못마땅한 기색을 그들에게 내비쳤습니다. 이러한 그의 모습을 본 안토니오 아빠스는 사냥꾼에게 말했습니다.

"화살을 시위에 물리고 뒤로 힘껏 당겨 보세요."

사냥꾼은 아빠스의 말대로 했습니다.

아빠스는 계속 "더 세게 당겨 보세요." 하고 말했습니다.

사냥꾼이 시위를 아무리 세게 잡아당겨도 아빠스는 그만하라고 말하지 않았습니다. "더 세게, 더 더."라고만 말했지요.

사냥꾼은 시위를 당기다가 결국 멈추고 이렇게 말했습니다.

"더 세게 당겼다간 활이 부러질 거예요."

그러자 안토니오 아빠스가 그에게 말했습니다.

"하느님의 일도 그와 마찬가지입니다. 수사들도 계속 수도 생활만 할 수 없지요. 그렇게 혹사하면 금방 병들고 말 거예요. 때로는 그들도 쉬어야 해요."

그 말을 듣고 사냥꾼은 큰 깨달음을 얻었지요.

그는 안토니오 아빠스 곁을 떠났고, 수사들도 원기를 되찾고 수도원으로 돌아갔습니다.

이 이야기에서처럼 활시위를 지나치게 세게 당기지 않을 때에만 우리는 지치지 않고 일할 수 있습니다.

규율과 질서 따르기

중용을 지키며 살려면 규율을 따라야 합니다. 오늘날 독일에서는 '규율'에 관해 말하는 사람을 의심스러운 눈빛으로 바라봅니다. 히틀러가 권력을 장악했던 제3제국에서 '규율'을 교육의 가장 중요한 방편으로 삼았기 때문입니다. 나치 정권은 젊은이들을 유능한 병사로 키우려면 규율을 가르쳐야 한다고 생각했습니다. 그런 생각에 대한 반발로, 전후 독일에서는 '규율'이란 단어를 비판적인 시각으로 바라보게 되었습니다. 독일 교육계는 규율만 앞세우면 아이들이 활기를 잃게 될 거라고 보았습니다. 그러나 규율은 본래 그런 것이 아니라, 생활 질서를 배우고 따르려는 태도라고 할 수 있습니다.

'규율'을 뜻하는 라틴어 명사 '디스치플리나Disciplina'는 '배우다', '알다', '인식하다'라는 뜻을 지닌 라틴어 동사 '디스치페레discipere'*에서 유래했습니다. 이 동사는 '잡다, 손에 쥐다'라는 의미가 있는 라틴어 동사 '카페레capere'에 어원을 두고 있습니다. 그러니까 '디스치페레'는 '무엇을 파악하기 위해 그것을 스스로 손

---

* '배우다, 알다, 인식하다'라는 뜻을 지님. — 역자 주.

에 들고 이리저리 살핌'을 뜻하는 말입니다. 따라서 '디스치플리나'는 '자주적인 삶을 사는 것', '뚜렷한 자각 속에 자신의 삶을 꾸려 나가는 것'을 의미합니다. 이를 알면 빙엔의 힐데가르트 (1098~1179년) 성녀가 규율을 두고 '언제 어디서나 기뻐할 수 있는 비결'이라 말한 이유를 이해를 할 수 있습니다. 성녀에게 규율은 '건강하게 사는 비결'이었던 것입니다.

한꺼번에 모든 것을 손에 쥐려는 사람은 무리하게 됩니다. 그는 모든 것을 가지려 하기 때문에 일을 즐기지도 못하고, 기쁨을 느끼지도 못합니다. 결국 아무것도 손에 쥐지 못하게 되지요. 이는 케이크를 먹을 때와 같습니다. 케이크 한 조각을 먹을 때 우리는 그 맛을 즐기게 됩니다. 그런데 끊임없이 먹기만 한다면 기쁨을 느끼지 못합니다. 따라서 규율은 '자신이 해도 되는 일임을 깨닫고, 그 일에 대해 양심의 가책을 느끼지 않고 기뻐하게 되는 비결'이라고도 할 수 있습니다.

다른 한편으로 '규율'은 그 안에서 우리가 살 수 있는 올바른 질서를 뜻하기도 합니다. 우리는 예법을 따르고, 자신에게 내적·외적 질서를 부여하며 삽니다. 그리고 우리 영혼은 이러한 규율 안에서 올바른 자리를 찾게 됩니다. 베네딕토 성인은 '질서'

라는 개념을 《수도 규칙서》에서 매우 중요하게 다뤘습니다. 성인은 수사들이 그들의 본분과 창조 질서에 맞는 삶을 살 수 있도록 규칙들을 정했지요.

빙엔의 힐데가르트 성녀는 '질서'에 관한 베네딕토 성인의 생각을 건강 이론으로 발전시켰습니다. 인간은 질서를 따를 때 건강한 삶을 살게 된다는 것입니다. 인간이 하느님의 질서에 따라 행동하며 자신의 능력을 꽃피게 할 문화를 구축할 때, 자연 전체에 유익함을 가져오게 된다는 생각이지요. 성녀는 이 점을 구체적으로 설명하기 위해 세상을 인간의 손에 들린 그물에 비유했습니다.

o 인간은 '세상'이라는 그물을 손에 들고, 자신의 움직임에 따라 그물 안에 있는 것이 작동되도록 그물을 움직입니다.

내적인 질서를 따르는 사람은 자연에 유익한 영향을 끼치는 반면, 내적인 질서를 지니지 못한 사람은 자연에 악영향을 끼칩니다. 이는 질서를 지키는 일에 빈틈이 없어야 한다는 말은 아닙니다. 하루를 짜임새 있게 살고, 집 안을 늘 정갈하게 정리하는 정도만이라도 내적인 질서를 지킨다면, 우리 영혼도 온전함을 되찾게 됩니다.

저는 무질서한 사람들을 많이 보았습니다. 그들은 하루를 짜임새 있게 살지 못하고, 일하는 것도 뒤죽박죽이며, 집 안도 지저분합니다. 오늘날에는 이러한 사람들이 점점 늘어 갑니다. 쓰레기장 같은 집에 살아서 다른 사람을 초대하지 못하기도 하고, 무질서한 모습을 부끄러워하면서도 그 모습을 떨쳐 버리지도 못합니다. 무질서한 겉모습은 무질서한 마음을 드러낸다고 할 수 있습니다. 특히 젊은이들 가운데에는 그러한 경우가 많습니다. 심지어 그들은 그 속에서 편안함을 느낀다고까지 말하기도 합니다. 어떤 젊은이들은 다른 사람이 자기 방을 치워 줄 거라고 기대합니다. 그러나 그런 사람들일수록 방을 치워 주어서는 안 됩니다. 내적인 질서를 지키는 버릇이 들 수 있도록 그들 스스로 방을 정리할 때까지 그대로 놔둬야 합니다.

오늘날 '규율'과 '질서'라는 말을 좋아하는 사람은 없습니다. 독일에서 60대 이상 노년층은 '규율' 대신 '자유'와 '자발성'을 부르짖던 '68세대'*의 목소리를 아직도 기억할 것입니다. 물론 부모는

- 1968년 5월 프랑스 파리에서 시작된 대학생들의 시위가 노동자들의 가세로

자녀의 정서를 존중해야 하지만, 규율과 질서를 따르지 않는 자녀는 정서적으로 불안하며 예법을 모른다고 할 수 있습니다. 예법을 모르는 사람은 마음의 중심을 잃게 되어 삶이 쉽게 무너집니다.

그런 까닭에 '규율'은 '자신의 의지에 따라 삶을 꾸려 나가는 비결'이라고도 할 수 있습니다. 규율이 삶을 자신의 의지에 따라, 자신에게 맞는 방식대로 꾸려 나가도록 해 주는 것이라는 뜻입니다. 이처럼 '규율'과 '질서'는 하느님께서 우리 각자에게 부여하신 단 하나뿐인 본모습에 상응하는 삶을 살도록 돕습니다.

'질서'는 생각하는 일에서 시작됩니다. 그런데 생각을 정리하는 것은 쉽지 않습니다. 우리 주변에는 그렇게 하지 못하는 사람이 꽤 많습니다. 그래서 옛 수도자들은 금욕 생활을 통해 자신의 생각을 올바로 다루려고 했습니다. 그들은 머릿속에 떠오르는 수만 가지 생각에 좌우되거나 사로잡히지 않고, 스스로 생각하려고

반체제·반문화 운동으로 확산되었는데, 이를 '68운동'이라 한다. 이 운동은 동서 간의 냉전과 베트남 전쟁 등 시대적 문제와 결부되면서 같은 해 미국·독일·스페인·체코·일본 등지의 저항 운동으로 번져 갔다. 이러한 움직임에 주도적으로 참여했으며, 1940~1950년 사이에 출생한 이들을 일컬어 '68세대'라고 부른다. — 역자 주.

했습니다. 옛 수도자들처럼 능동적으로 생각하기 위해서는 무절제하게 떠오르는 생각들을 인식하고 바라보며 평가하는 일을 해야 합니다. 그렇게 하면서 일부 생각들을 떨쳐 버려야 하지요. 또한 그런 생각들이 자신에게 말하고자 하는 바를 따져 보기도 해야 합니다. 그렇게 하다 보면 생각이 서서히 정리되는 것을 느낄 수 있을 겁니다. 우리는 이러한 방식으로 혼란스러웠던 생각들을 이해하는 동시에 정리할 수 있습니다.

생각을 정리한 후에는 말하는 것도 정리해야 합니다. 다른 사람의 말에 귀 기울이지 않고 늘 자기 말만 하는 사람들이 있습니다. 그들은 말을 많이 하지만, 그 말은 빈껍데기에 불과합니다. 말이 자신의 생각을 전혀 담아 내지 못하는 것입니다. 그래서 그들의 말을 들으면 내적인 혼란과 공허감을 감추기 위한 말만 한다는 인상을 받습니다. 조리 없이 말하는 사람과는 참된 대화를 나눌 수 없습니다. 그는 상대방의 말에 귀 기울이지 않으며, 상대방에게 충분히 말할 기회도 주지 않기 때문입니다.

말하는 것을 정리한 후에는 행동을 정리해야 합니다. 대부분의 사람들은 일을 할 때 단계별로 차분하게 처리하지만, 그렇지 못한 사람들도 있습니다. 그들은 곧잘 단계를 빼먹고 진행했다가 다시 처음부터 하는 모습을 보입니다. 이런 사람들과 함께 일하게 되면 정말 힘이 듭니다. 반면, 내적인 질서를 가지고 일하는 사람은 정기적으로 논의할 시간을 갖고, 순서를 정해 여러 과제를 명확히 처리합니다. 또한 같이 일하는 사람도 편하게 일할 수 있게 배려합니다. 그래서 이런 사람들과 일하게 되면 손쉽게 일할 수 있습니다.

일하는 것을 정리한 다음에는 마지막으로 생활 방식도 정리해야 합니다. 바오로 사도는 테살로니카 신자들에게 무질서하게 지내는 이들을 타이르라고 권고했습니다(1테살 5,14 참조). 생활 방식을 정리한다는 것은 인간관계와 식습관 등 생활 전반을 바로잡는 것을 뜻합니다.

적정 속도 지키기

중용을 지키며 사는 일에는 적정 속도를 지키는 일도 포함됩니다. 많은 사람들이 자신의 생활 리듬을 고려하지 않고 일을 합니다. 하지만 자신의 속도를 지키지 못하고 초과 근무를 밥 먹듯이 하다 보면 결국 쓰러지고 맙니다. 베네딕토 성인은 《수도 규칙서》에서 노동과 기도, 활동과 잠, 독서 · 묵상 · 공동 식사에 적정 시간을 배분하여 수도 생활의 기틀을 마련하는 지혜를 보였습니다. 이는 오늘날 인기를 끌고 있는 '시간 관리'에 관한 강좌나 실용서와는 다른 것입니다. 이러한 강좌나 실용서는 주어진 시간에 일을 얼마나 더 많이 할 수 있는지에만 초점을 맞추고 있습니다. 그래서 우리 시간을 일로만 꽉 채우려고 하지요. 이렇게 시간을 관리하려는 사람들은 시간을 정복해야 할 대상으로 여기는 듯합니다. 그러나 저는 시간을 친구처럼 여기며, 시간을 주의 깊게 다뤄야 한다고 생각합니다.

그리스어에는 '시간'을 뜻하는 단어가 두 종류 있습니다. 바로 '크로노스Chronos'와 '카이로스Kairos'입니다. '크로노스'는 자신의 자녀를 모조리 먹어 치웠던 그리스 신화의 신神을 가리킵니다. 따라서 '크로노스'는 우리를 집어삼키는 시간, 곧 우리가 쫓기듯 보내는 시간, 이런저런 일을 더 빨리 처리하도록 재촉받는 시간이라 할 수 있습니다. '재촉하다'라는 뜻을 지닌 독일어 '헷첸hetzen'은 '미워하다'라는 뜻을 지닌 독일어 '하센hassen'에서 왔습니다. 이런저런 일을 기한 내에 처리하도록 자신을 재촉하는 것은 결국 자기 자신을 미워하는 행위로, '크로노스'는 자기 증오의 시간으로 해석할 수 있습니다. 우리가 '크로노스'라는 시간으로 다른 사람들을 내몬다면, 이는 그들을 미워하는 행위가 됩니다.

이에 반해 유쾌한 시간을 가리키는 '카이로스'가 있습니다. 예수님도 늘 '카이로스'에 관해 말씀하셨습니다. 마르코 복음서는 예수님께서 선포하신 첫 말씀을 이렇게 전하고 있습니다.

○ 때(카이로스)가 차서 하느님의 나라가 가까이 왔다. 회개하고 복음을 믿어라.(마르 1,15)

'카이로스'는 해야 할 일로 가득 찬 시간이 아니라, 나 자신이 온전히 현존하는 시간을 말합니다. 하느님께서 언제나 현존하는 분이시라는 점을 생각한다면, 이 시간은 그분과의 친밀함으로 가득 찬 시간이라고 할 수 있습니다.

다시 말해 인간이 아니라 하느님께서 다스리시는 시간인 것입니다. 그분께서 내 안에서 다스리실 때, 나 자신이나 다른 사람이 주는 압박에서 자유로워집니다. 이러한 자유를 얻으려면 먼저 회개해야 합니다.

이 말이 너무 교회적이라고 여겨진다면, 그리스인들의 표현 방식을 빌려 말해 보겠습니다. 이러한 시간을 보내고 싶다면 '생각을 근본적으로 바꿔야(메타노에인metanoein*)' 합니다. 우리는 다른 시각으로 시간을 바라봐야 하는 것입니다.

다른 한편으로, '카이로스'는 '꼭 알맞은 순간'을 뜻합니다. 그리스 사람들은 '카이로스'를 다음과 같은 모습을 한 젊은이에 비유했습니다.

○ 그는 소리 나지 않게 발끝으로 조심스레 걷고, 수레나 칼 위에서 균형을 잡으려는 사람과 같습니다. 흥미를 끄는 것은 그의 머리인데, 앞머리에는 머리카락이 풍성하지만 뒤통수에는 머리카락이 하나도 없습니다.

카이로스는 앞머리에 머리카락이 풍성해서 제때라면 쉽게 붙잡을 수 있지만, 뒤통수에는 머리카락이 하나도 없기에 지나간 뒤에는 잡을 수가 없습니다. 그리스인들은 이 비유를 통해 기회를 제때 잡아야 한다는 점을 말하려 했습니다. 순간은 덧없이 지

* '회개하다'에 해당하는 그리스어로, '생각을 바꾸다, 달리 생각하다, 이면을 살펴보다'와 같은 의미도 지니고 있다. ― 역자 주.

나며, 지나간 순간은 되돌릴 수 없다는 것이지요. 그러므로 우리는 '카이로스'를 앞에서 맞이해야 하며, '카이로스'가 모습을 드러내는 즉시 그것을 붙잡아야 합니다.

시간을 '카이로스'로 경험할지, 아니면 '크로노스'로 경험할지는 전적으로 우리의 선택에 달려 있습니다. 제정신을 차리고 온전히 현존할 때에는, '카이로스' 곧 유쾌한 시간을 경험합니다. 그러나 이런저런 일을 처리해야 한다고 자신을 끊임없이 압박할 때에는 '크로노스' 곧 자신을 집어삼키는 불편한 시간을 경험합니다. 온전히 현존한다는 것은 지금 하고 있는 일이나 동료·고객과의 대화에 집중함을 뜻합니다. 그럴 때 마주하고 있는 사람에게 나 자신의 시간을 선물하게 됩니다. 그와 반대로, 다음 약속 시간에 늦지나 않을까 자꾸 시계만 쳐다본다면 대화를 제대로 나눌 수 없게 되지요. 그럴 때에는 진정으로 현존한다고 할 수 없으며, 마주하고 있는 사람도 나에게 시간을 선물받는다고 느끼지 못합니다. 그저 상대방이 시간에 쫓기고 있다는 점만 깨닫게 됩니다.

지금 이 순간에 온전히 현존함은 시간을 '카이로스'로 경험하기 위한 전제 조건 가운데 하나입니다. 다른 전제 조건으로는 '건강한 생활 리듬'과 '유익한 의식儀式'을 들 수 있습니다.

건강한 생활 리듬 유지하기

우리 수도원을 찾는 방문객들은 규칙적인 수도원 생활에서 깊은 인상을 받곤 합니다. 특히 우리 영성 상담 센터의 프로그램 참가자들은 수도원 생활을 거울삼아 자신의 하루 리듬을 되돌아보게 되었다고 말합니다. 베네딕토 성인도 주기적인 생활 리듬을 중요하게 생각했습니다. 성인은 자연의 주기적인 변화와 수사들의 생체 리듬을 토대로 기도와 노동, 개인 생활과 공동생활이 적당히 어우러지게 수사들의 하루 일과를 짰습니다. 인간은 '지혜의 교사'라 할 수 있는 자연의 주기적인 변화에 따를 때, 건강한 삶을 살 수 있습니다. 낮과 밤, 빛과 어둠의 주기적 변화에 따르고, 오래전에 정립된 주간의 리듬에 따라 주중에는 분주히 지낸 후 주말에는 온전히 쉴 때 건강을 누릴 수 있습니다.

유다인들은 예로부터 안식일 규정을 소중히 지켜 왔습니다. 그것은 인간을 존중하는 일이기도 했습니다. 인간은 일만 하는 존재가 아니므로, 책도 읽고 휴식도 취하고 담소도 나눌 수 있는 휴일을 가져야 한다는 것입니다. 그리스도교에서는 유다인들이 안식일을 지키는 전통을 주일로 옮겨 왔습니다. 하지만 오늘날에는 주일을 지키는 전통이 갈수록 위협받고 있습니다. 토요일과 일요일에 직장에 가지 않아도, 온전히 쉬는 날이 하루도 없습니다. 일주일간 밀린 일을 하거나 또 다른 약속을 잡아 주말을 분주히 보냅니다. 또한 주일에 문을 여는 상점도 급속히 늘고 있습니다. 사람들은 그렇게 되어서 오히려 일자리도 생기고 주일에도 원하는 대로 쇼핑할 수 있다며 좋아하지요. 그러나 그렇게 하면서 온전히 쉴 수 있는 특별한 날을 잃게 된다는 점은 인식하지 못합니다. 성경은 인간이 안식일에 쉼으로써 하느님의 휴식에 참여하게 된다고 가르칩니다. 따라서 주일을 지키는 것은 인간의 존엄성을 지키는 행위라 할 수 있습니다. 주일을 지킴으로써 인간은 생산자나 소비자에 머물지 않게 되지요. 또한 일주일에 적어도 하루를 온전히 쉬며 마음으로 의지할 대상을 찾고, 자신의 존엄성을 지키게 됩니다.

자연과 더불어 일하는 모든 이들이 따르는 한 해의 주기적인 변화도 있습니다. 봄에는 밭을 갈고 씨를 뿌리며, 여름에는 잡초를 뽑고 약을 치지요. 그런 일은 날씨에 따라 이뤄집니다. 그들은 한창 더운 한낮에는 휴식을 취하고, 햇볕과 비에 대비합니다. 가을에는 곡식을 거둬들이고, 추수한 것을 감사드리는 잔치도 벌입니다. 그리고 겨울에는 따뜻한 집에서 할 수 있는 일을 합니다. 다른 한편으로, 계절은 우리 인생을 상징하기도 합니다. 봄은 청소년기를, 여름은 인생의 황금기를, 가을은 인생의 황혼기를 상징하지요.

자신의 생체 리듬을 거슬러 계속해서 일하는 것은 자신을 좀먹는 행위와 다름없습니다. 우리도 주기적으로 변화하며 활력을 유지해야 합니다. 스위스의 정신 의학자 카를 구스타프 융(Carl Gustav Jung, 1875~1961년)도 "여러 가지 일을 번갈아 가며 하는 사람이 더욱 효율적이고 지속적으로 일할 수 있다."라고 말한 바 있습니다. 저는 개인적으로 여러 가지 일을 번갈아 수행하는 것에 익숙합니다. 학창 시절을 되돌아볼 때, 지식보다는 올바른 학습 방법을 터득한 것이 더 가치 있었다고 생각합니다. 어느 과목이든 공부할 시간을 정해 놓고 매일 30분 정도씩 공부했습니다. 우선 라틴어와 그리스어 단어를 외우는 것으로 공부를 시작했습니다. 집중력이 가장 필요한 공부였으니까요. 그다음에는 작문 숙제를 했고, 그 후에 나머지 과목들을 공부했습니다. 여러 과목을 번갈아 공부한 덕분에 졸지 않고, 과목마다 새로운 지식을 머릿속에 담을 수 있었습니다. 오늘날에도 저는 집중이 가장 잘되는 시간과 집중력이 떨어지는 시간을 고려해 맡은 일을 처리할 순서를 정해 놓습니다. 그와 더불어 내적인 힘을 얻기 위해 수시로 휴식을 취하고, 휴식을 통해 언제나 창의적인 아이디어를 얻습니다.

오늘날에는 될 수 있는 대로 한꺼번에 많은 일을 해야 한다고 생각하는 사람이 많습니다. 일을 끝내려면 밀어붙여야 한다고 생각하지요. 그러나 생체 리듬을 거슬러 일하는 경우, 결과는 신통치 않습니다. 집중력이 떨어져 어이없는 실수를 자주 저지르고, 무엇보다 창의력을 잃게 됩니다.

제가 수도원 재정을 관리하면서도 끊임없이 피정 지도와 강연을 하고 많은 책을 펴내는 것에 놀라는 사람이 많습니다. 그것은 시간을 정해 일을 번갈아 가며 하기 때문에 가능한 것입니다. 저는 매주 화요일과 목요일, 아침 6시부터 8시까지 2시간씩, 그리고 주일 오후에 2시간을 글 쓰는 데 할애합니다. 그 시간에만 글을 쓰기 때문에 글 쓰는 일이 항상 즐겁고 기대됩니다. 그렇게 함으로써 다른 일도 쫓기지 않고 수행할 수 있습니다. 특히 일 중간에는 잠시 쉬는 시간을 갖습니다. 낮에 수도원 재정 일을 본 후에 저녁 강연이 있다면, 잠시 휴식을 취하고 기운을 회복합니다. 그 시간은 대략 15분 정도인데, 저는 침대에 누워 자신에게 다음과 같이 말합니다. "지금은 아무 일도 하지 말고 고단함을 내려놓도록 해. 여유를 즐기라고."

이렇게 하고 나면 강연할 힘을 얻게 됩니다. 건강한 생체 리듬을 유지하는 일에는 어떤 일을 하는 데 자신을 몰아붙이지 않겠다고 마음먹는 것도 포함됩니다. 자연 속의 모든 것이 스스로 자라듯, 자신의 일도 스스로 진행되게 놔둘 때 우리는 힘을 덜 들이게 됩니다.

회사에서도 적당한 휴식 없이 회의를 너무 오래 진행하는 경우, 좋은 결론을 이끌어 내기 어려워집니다. 회의가 길어지면 참석자들은 공격적인 태도를 보이기 쉬운데, 이렇게 되면 정상적으로 의견을 나눌 때까지 또다시 많은 시간이 필요하지요. 그보다는 회의 진행에 유익한 변화를 꾀하는 것이 훨씬 효과적입니다. 정치인들이 협상을 할 때에도 마찬가지입니다. 회의 도중 적당하게 쉬는 시간을 갖는 것이 바람직합니다. 마라톤협상에서는 참석자들이 자기 의견만 고집하기 쉬운데, 회의 도중 휴식을 취하면 창의적이고 건설적인 의견을 내놓는 경우가 많습니다.

베네딕토 성인은 수도원장이 시간을 포함한 수도원 내의 모든 일을 잘 조정해야 한다고 말했습니다. 수도 생활의 성패는 수도원의 하루 일과를 어떻게 짜느냐에 달려 있다는 것입니다. 물론 1,500년 전 베네딕토 성인이 정한 하루 일과를 현대의 수도자들이 그대로 따르는 것은 무리가 있습니다. 오늘날에도 수도원의 하루 일과가 적정한지 자주 점검할 필요가 있으나, 일과를 수시로 바꾸는 일은 삼가야 합니다. 오랜 세월을 거쳐 적당하다고 입증된 하루 일과는 공동체 생활에 분명 유익하기 때문입니다.

일주일 동안 우리 수도원 생활을 체험한 요양병원 전문의인 베스코비 박사Dr. Vescovi는 수도원의 하루 일과가 인간의 생체 리듬에 잘 맞게 짜여 있다고 말했습니다. 수사들이 하루에 다섯 번 바치는 '시간 전례'가 특히 그렇다고 했습니다.

잘 짜인 하루 일과는 일반 사람들에게도 유익합니다. 특히 일반 사람들의 경우 하루 일과가 직업에 큰 영향을 미치기 때문에 더욱 그러합니다. 아침 일찍 일을 시작하면 일찍 잠자리에 들어야 합니다. 이럴 때 일정을 잘 짜는 것이 중요합니다. 계획대로만 할 수 있다면 일을 일찍 끝내고, 저녁에 자유 시간을 즐길 수 있습니다.

우리는 이 자유 시간을 유익하게 사용해야 합니다. 자유 시간을 어떻게 보내야 할지 몰라 피곤한 몸을 이끌고 이런저런 일들을 다시 시작하는 사람들도 많습니다. 하지만 그 결과는 대부분 신통치 않습니다. 텔레비전을 틀어 놓고 건성으로 보거나, 아무 생각 없이 인터넷 서핑을 하기 일쑤입니다. 그런 행위는 그들에게 만족감이나 즐겁고 편안한 시간을 선사하지 못하며, 시간만 낭비할 뿐입니다.

만족감을 느끼며 성공적인 삶을 살려면, 건강한 생활 리듬을 따라 살아야 합니다. 건강한 생활 리듬은 우리에게 고향과 같은 평온함을 선사합니다. 이 리듬을 따른다면 본질적인 것을 돌볼 여유를 갖게 되고, 직장 일에 온전히 몰두하는 한편, 퇴근 후 자신을 위한 시간을 보낼 수 있습니다. 그리고 그 시간도 매우 유익하게 사용할 수 있습니다.

거룩함으로 이끄는 유익한 의식

유익한 의식儀式은 기도나 전례, 집에서 가족이 함께하는 거룩한 시간과 같이 정해진 방식에 따라 정기적으로 치르는 행사를 뜻합니다. 이러한 의식은 우리에게 '카이로스'와 '좋은 기회'를 선사합니다. 유익한 의식은 우리가 현존하는 시간과 장소를 거룩하게 만들어 줍니다. '거룩함'은 세속에서 벗어난 것으로, 고대 그리스인들은 '거룩한 것'만이 인간을 건강하게 만들 수 있다고 생각했습니다. 우리는 여러 관계 속에서 많은 기대를 짊어지며, 이 때문에 수동적으로 살고 있다고 느낍니다. 그럴 때 우리에게 필요한 것이 바로 '유익한 의식'입니다. 우리는 이러한 의식을 통해 아무도 침범할 수 없는 자신만을 위한 '거룩한 시간'을 갖게 됩니다. 그런 거룩한 시간에 한숨을 돌릴 수 있지요. 자유를 느낄 수 있는, 자신만을 위한 거룩한 시간을 매일 갖는다면, 하루의 나머지 시간도 그 거룩한 시간의 영향을 받게 됩니다. '의식'을 거행함으로써, 곧 '거룩한 시간'을 가짐으로써, 우리는 '크로노스' 시간을 '카이로스' 시간으로 바꿀 수 있습니다.

'거룩한 시간'을 가질 때 우리는 하루의 나머지 시간도 다르게 대하게 됩니다. 그럴 때 다른 사람들의 기대에 부응하는 것에 그치지 않고, 내적인 자유를 느끼게 됩니다. 그들이 함부로 할 수 없는 거룩함이 우리 안에 있음을 느끼기 때문입니다.

'거룩하다'라는 뜻을 지닌 그리스어 '하기오스hagios'에서는 '산울타리'를 뜻하는 독일어 '하크Hag'와 '울타리가 쳐진 사냥터'를 뜻하는 독일어 '게헤게Gehege'가 파생되었습니다. '안락하다'라는 의미를 지닌 독일어 '베하글리히behaglich'도 이 단어에서 유래했습니다. 이는 '거룩한 장소'에서 '거룩한 시간'을 보낼 때 안락하고 편안한 기분을 느낀다는 것을 알려 줍니다. 그럴 때 우리는 울타리 안에서 안전하게 보호받는다는 느낌을 받는 것입니다.

'거룩한 시간'은 우리에게 늘 선물로 주어지지만, 이 선물을 향유할 줄 모르는 사람이 많습니다. 그들은 그 시간을 잡다한 일을 하며 보냅니다. 파스칼 브뤼크네르는 여가를 제대로 즐길 줄 모르는 현대인의 모습을 다음과 같이 지적합니다.

    ○   즐거움을 찾아 헤매는 우리의 소모적인 행위 이면에는 고행할 때와 같은 고통이 존재합니다.

고행은 본래 절제하는 훈련을 뜻하며, 우리는 고행을 통해 자신의 욕구에서 벗어나는 법을 배웁니다. 그러나 그와 정반대로, 여가를 제대로 즐길 줄 모르는 현대인은 욕구를 채우려고 노력합니다. 그렇기 때문에 즐거움을 찾는 노력은 모두 고통이 되고 맙니다. 그래서 브뤼크네르는 그들에 대해 "즐거움이란 바벨탑을 차지하려고 늘 비상 대기 중인, 지나치게 활동적인 무위도식가"

라고도 말했습니다.

　우리의 시간은 유익한 의식을 통해 주기적 순환이라는 좋은 구조를 얻으며, 시간의 주기적 순환은 정신에 질서를 부여합니다. 이때, 의식이 한쪽 문을 닫고 다른 쪽 문을 연다는 점도 눈여겨봐야 합니다. 동시에 여러 가지 일에 몰두하는 사람은 늘 긴장 상태에 있으며 일을 쉬지 못하는데, 그런 상황은 정신 건강에 해롭습니다. 무엇보다 이런 사람들은 정신을 자기가 지금 있는 곳이 아니라 다른 곳에 두고 있습니다. 이런 점은 특히 저녁 시간에 쉽게 확인할 수 있는데, 집에 돌아와도 머릿속은 여전히 직장 일로 가득 차 있는 경우가 많습니다. 자녀는 지금 부모의 정신이 가정에 집중하고 있는지, 아니면 여전히 직장에 머물고 있는지 금세 알아차립니다. 부모의 머릿속이 직장 일로 가득 찬 경우, 아이는 부모의 관심을 자신에게 돌리려고 칭얼거립니다. 부모의 관심을 받게 되면, 아이는 금세 조용해지지요. 부모와의 친밀감을 확인했기 때문입니다.

　집에 돌아와서도 직장 일에 마음을 쓰는 사람은 몸의 앞뒤로 거센 바람을 맞고 있다고 할 수 있습니다. 이러한 바람은 몸과 마음 모두에 해로우며, 이런 바람을 맞으면 몸과 마음 모두가 병에 걸리기 쉽습니다. 한쪽 문을 닫고 새로운 문을 열어야 이와 같은 일을 피할 수 있는데, 그러려면 유익한 의식이 필요합니다.

직장 일을 떨치지 못하고 지금에 충실하지 못하는 사람은 산만하고 불안해합니다. 늘 직장 일에 마음을 쓰고 일을 쉬지 못하기 때문입니다. 그 때문에 여유롭고 편안하게 시간을 보내지 못하며, 선물로 주어진 시간을 즐기지도 못합니다. 그 결과 늘 스트레스에 시달리지요. 그래서 정작 일할 때도 차분한 마음으로 일하지 못합니다. 자신은 끊임없이 일하고 있다고 여기지만 그런 생각과 지속적인 긴장감은 그를 지치게 만들기 때문입니다.

직원들에게 늘 연락 가능한 상태에 있을 것을 요구하는 회사도 문제가 있습니다. 그런 상태에서 직원들은 평온한 마음으로 가정생활에 전념할 수 없으며, 산책을 하거나 편하게 책을 읽을 수 없습니다. 언제든 전화벨이 울릴 것에 대비해야 하니까요. 이와 같은 24시간 대기 상황도 인간 본성에 어긋나는 무절제라고 할 수 있습니다.

유익한 의식은 우리에게 편안함과 자신감을 줍니다. 거룩한 시간을 보내면 무엇보다 고향에 온 것 같은 편안함을 느끼며, 자신의 인생을 스스로 개척할 수 있다는 자신감을 얻게 됩니다. 항상 똑같이 진행되는 의식을 통해 보호받고 있다는 느낌을 받는 것입니다. 독일 작가 에르하르트 캐스트너(Erhart Kästner, 1904~1974년)는 이 점을 다음과 같이 표현했습니다.

○ 우리는 세상을 얻으려는 갈망 외에도 아주 오래된 틀을 통해 늘 같은 모습으로 있고자 하는 갈망을 지니고 있습니다. 그래서 우리 영혼은 의식을 거행할 때 편안함을 느낍니다. 의식은 영혼이 거처하는 튼튼한 집이라 할 수 있습니다.

의식을 거행할 때 편안함을 느끼는 사람은 마음속 샘을 찾은 것입니다. 그래서 그는 쉽게 지치지 않습니다. 이 샘은 우리가 기꺼이 머물며 원기를 회복하는 장소입니다. 우리는 영혼과 육체에 필요한 것을 이 샘에서 얻지요. 의식을 거행할 때 편안해하는 사람은 내적인 해방감과 지지를 느끼므로, 더 이상 다른 사람들과 다투지 않으며, 자신의 삶을 장악하려는 압박감에서도 자유롭습니다. 그는 의식을 거행할 때 고향이 주는 평온함과 자신 안에 잠재된 힘을 느낍니다.

유익한 의식은 우리를 조상과 연결해 주기도 합니다. 조상 대대로 집에서 성탄 의식을 거행해 온 가정의 예를 살펴봅시다. 어떤 명문가의 부인은 자기 아들들이 모두 젊고 능력이 뛰어나며 유행에 민감하지만, 조상들이 했던 것처럼 집안 대대로 내려오는 성탄 의식을 각자 가정에서 행한다고 말했습니다. 소용돌이치는 삶 속에서 굳건하게 버틸 수 있는 조상의 힘을 물려받길 원한 것입니다. 이처럼 우리는 조상에게서 삶의 도전에 대처할 힘을 다시 얻을 수 있습니다. 가뭄이 들면 뿌리 없는 나무가 말라 죽듯이, 심리학에서는 자신의 뿌리를 잊은 사람은 우울증을 앓기 쉽다고 봅니다. 의식을 통해 자신의 뿌리인 조상과 만날 때, 우리는 폭풍과 가뭄을 견뎌 내는 나무처럼 삶의 도전을 극복할 수 있게 됩니다.

지금 이 순간에 온전히 머물기

우리는 의식을 통해 지금 이 순간에 온전히 머물 수 있어야 합니다. 현재의 문을 열려면 바로 전에 열었던 문은 닫아야지요. 지금 이 순간에 온전히 머물 때 우리는 '카이로스' 곧 편안한 시간을 보낼 수 있습니다. 우리가 살고 있는 지금 이 순간보다 더 중요한 것은 없습니다. 지금 이 순간에 충실할 때 강박감도 사라집니다.

그저 온전히 현재에 머물러 있을 때, 지금 하는 일에 몰두할 수 있습니다.

○ 어떤 사람이 도가 깊은 선승禪僧에게 영성 수련은 어떻게 해야 하는지 물었습니다. 그러자 선승이 답했습니다.
"앉아 있을 때에는 앉아 있고, 서 있을 때에는 서 있으며, 길을 걸을 때에는 걸으면 되지요."
이 말을 듣고 질문을 던진 사람이 항의했습니다.
"그건 모두가 하는 일이라 특별할 게 없잖아요."
선승은 다시 말했습니다.
"아니, 그렇지 않아요. 당신은 앉아 있으면서도 서 있을 때를 생각하고, 서 있을 때에는 벌써 걸을 것을 생각하지요. 길을 걸을 때에는 직장 일이나 식사 등 다른 일을 생각하고요."

우리는 한꺼번에 여러 가지 일을 하고 제한된 시간 안에 가능한 많은 일을 수행하려는 지나친 욕심으로 인해, 마음이 흩어져 지금 이 순간에 머물지 못합니다. 그 결과 삶의 가치는 떨어집니다. 지금 이 순간의 일은 다음 일에 치여 가치를 잃게 되고, 우리는 현재를 즐기거나 현재에 몰두하지 못합니다. 그만큼 현재에 온전히 머물지 못하고, 결국 제대로 살지도 못하게 되지요. '산다는 것'은 '지금 이 순간에 머물고, 현존하며, 현재의 삶에 몰두함'을 뜻하기 때문입니다.

물론, 생각 없이 하루를 맞이하기보다는 하루 일을 계획하는 것이 바람직합니다. 생각 없이 사는 사람은 제대로 산다고 할 수 없습니다. 그러나 '의식 있는 삶'은 생각 없이 사는 삶과 다릅니다. '의식 있는 삶'은 오늘 자신에게 닥칠 일을 생각하고, 매 순간에 몰입하는 삶을 의미합니다.

저는 일정이 꽉 짜인 날에도 현재에 온전히 충실하겠다는 마음가짐으로 일정을 차례대로 소화해 나갑니다. 일정 틈틈이 메일을 쓰거나 잡무를 처리하지 않고, 해야 할 일을 최선을 다해 하나씩 해 나갑니다. 그러면 계획한 일들이 예상보다 일찍 끝나는 경우가 생깁니다. 그 순간에 전적으로 집중했기 때문에 문제를 더 빨리 해결할 수 있었던 것입니다. 저는 일정 사이에 갑자기 빈 시간이 생기면 평온한 마음으로 그 시간을 즐기고, 일정이 모든 끝난 저녁에는 하루 일과를 모두 소화해 낸 것에 뿌듯함을 느낍니다. 마음의 평정을 잃지 않고 모든 일정을 소화해 냈으니까요.

마음의 평정 찾기

시간을 소중히 여기고 지금 이 순간에 충실한 삶을 살려면, 무엇보다 평정한 마음을 지녀야 합니다. 그런데 우리 주변에는 마음의 평정을 잃은 사람이 많습니다. 외부 영향에 좌우된 나머지 평온을 찾지 못하는 것입니다. 마음의 평정을 잃으면, 현재에 몰입할 수 없습니다.

옛 수도자들은 마음의 평정을 잃은 상태를 가리켜 '아케디아 Akedia'라고 했습니다. '아케디아'는 그리스어로 '지금 이 순간에 머물지 못함'을 뜻합니다. 사막의 교부였던 에바그리우스(Evagrius, 345~399년)는 이를 아주 재미있게 설명했습니다.

○ 어떤 수도자가 방에서 성경을 읽다가, 불이 너무 어둡다고 투덜거렸습니다. 그냥 잠이나 자야겠다고 생각한 그는 몸을 누이고 성경을 베개 삼아 베었지요. 그러나 베개가 너무 딱딱했기 때문에 잠은 쉽게 오지 않았습니다. 그는 자리에서 일어나 동료 수사가 찾아오지 않을까 밖으로 나와 살폈습니다. 하지만 아무도 오지 않았지요. 그는 동료들이 무관심하다고 다시 투덜거렸습니다. 방으로 돌아온 그는 습도가 높아 숨이 막힌다는

생각에 짜증이 났습니다. 양말 신은 발이 간지럽기도 하고, 입은 옷도 마음에 들지 않았습니다. 그는 그 상황을 더 이상 참지 못했습니다.

옛 수도자들은 '아케디아'를 전형적인 낮도깨비로 여겼습니다. 이 낮도깨비는 한낮의 휴식 시간에 찾아오며, 수도자들을 졸리게 해서 아무 일도 할 생각이 안 들게 합니다. 오늘날 낮도깨비는 우리가 중년의 위기를 겪을 때 찾아옵니다. 다시 말해 인생의 어려움을 극복했으며, 인생을 잘 알고 있고, 삶에 어느 정도 적응했다고 생각할 때 찾아옵니다. '아케디아'라는 도깨비에게 고통받는 사람은 쉽게 분노하고, 자신의 처지에 만족하지 못하며, 늘 지금 있는 곳을 제외한 다른 곳에 있기를 바랍니다. 또한 내가 아니라 다른 사람들에게 잘못이 있고, 그들이 나를 이해하지 못한다고 생각합니다. 이런 사람들은 주변 사람뿐 아니라 날씨 같은 모든 것에 화를 냅니다. 자기 주위에 사람이 너무 많거나 혹은 아무도 없기 때문에 다른 사람들과 재밌게 지낼 수 없다고 생각합니다. 이렇게 되면 결국 제대로 된 삶을 살지 못하게 되어 버립니다. 옛 수도자들은 '아케디아'라는 도깨비가 우리 마음을 흩뜨리고 마음의 평정을 빼앗는다고 경고합니다.

'아케디아'를 겪는 사람들은 마음이 흐트러져 평정을 잃은 상태에 있다고 할 수 있습니다. 그들은 스스로에게도, 지금 하는 일에도 마음을 쓰지 않습니다. 그러면서 일이 힘들고 너무 많다고 끙끙거리지요. 기도할 때에도 마음이 흐트러져 무엇을 기도해야 할지 모릅니다. 막상 아무 일도 하지 않을 때에는 지루함을 느낍니다. 주중에는 쉴 수 있는 주말을 고대하지만, 막상 주말이 오면 어떻게 보내야 할지 막막해하는 것입니다. 같은 이유로 휴가도 제대로 즐기지 못합니다. 그들은 일과 휴식뿐만 아니라 그 어느 것도 즐길 줄 모르기 때문입니다.

자기 남편이 '아케디아'로 고통을 겪고 있다고 고백한 한 부인이 있었습니다. 그는 남편의 모습을 이렇게 묘사했습니다. "남편은 부엌에 앉아 신문을 읽다가, 형편없는 기사를 실었다고 신문사와 그 신문사의 기자들을 비난했어요. 그러고 나서 바람을 쐬겠다고 산책을 나갔지요. 그런데 얼마 되지 않아 날씨가 좋지 않다고 되돌아왔어요. 그런 뒤 제가 어떤 요리를 하는지 살피고는 다른 걸 먹고 싶은데 왜 하필 그 요리를 하는 거냐고 신경질을 냈어요."

마음이 흐트러져 어느 것에도 만족하지 못하는 남편을 참아 내는 일은 쉽지 않습니다. 설령 아내가 남편이 좋아하는 음식을 준비했더라도 그는 만족하지 않았을 것입니다. 스스로 만족하지 못하기 때문에, 늘 새로운 것에 마음을 두고, 자신을 만족시킬 대상을 외부에서 찾으니까요. 마음의 평정을 잃었기 때문에 어느 것에도 만족하지 못합니다. 돈으로 만족감을 얻으려 해도 만족할 수 없으며, 텔레비전을 보며 마음을 달래려 해도 늘 공허하고 불만만 생깁니다. 그런 행위에서 즐거움을 느끼지 못하기 때문입니다. 공허한 마음을 감추려는 행위만 할 뿐이기에, 자신이 감당해야 할 일이 너무 많다고 신음하며 화만 냅니다.

이미 5세기 무렵 수도자들이 경고했던 '아케디아'는 오늘날 널리 퍼져 있습니다. 저는 상담을 하며 어느 것에도 만족하지 못하는 사람들을 종종 만나게 됩니다. 그들은 일이 너무 많아 일을 줄였으면 좋겠다고 하지만, 실제로 일이 없어지면 나락에라도 떨어지는 것처럼 두려워합니다. 이렇게 마음의 평정을 잃은 사람은 욕구나 활동, 소비 등 모든 면에서 무절제한 모습을 보입니다.

옛 수도자들이 '아케디아'라고 불렀던 현상은 오늘날 갈수록 퍼져 가는 정신 질환에서도 볼 수 있습니다. 심리학자들은 그 질병을 '경계성 인격 장애Borderline Personality Disorder'라고 부릅니다. 이 질병의 증상은 '아케디아'와 정확히 일치하지 않지만, 여러 면에서 공통점을 지니고 있습니다. '경계성 인격 장애'의 가장 큰 특징은 마음의 평정을 잃는 것입니다. 마음의 평정을 잃었기 때문에 환자의 감정 기복도 매우 심합니다. 예를 들면, 환자는 자기 친구를 극찬하다가 어느 순간 그를 신랄하게 비난하고 저주합니다. 자신의 정체성을 잃었기 때문에 지속적으로 공허감을 느낍니다. 또한 과음과 과식을 일삼고 운전도 거칠게 합니다. 그는 자신만을 생각하며, 무절제한 태도로 끊임없이 스스로를 해칩니다. 그러면서도 어떤 고통을 겪고 있는지 전혀 알지 못합니다.

옛 수도자들은 '아케디아'를 치료하려면 각자의 방에 머물며 규칙적인 생활을 해야 한다고 생각했습니다. 마음의 평정을 잃은 사람은 고통을 참지 못하므로, 자신 안에 머무는 일이 중요합니다. 베네딕토 성인은 '자신 안에 머무는 일'을 가리켜 '정주定住'라고 했습니다. '자기 방에 머무는 것'을 뜻하던 '정주'는 이후 '일생을 한 수도원에서만 지내는 것'을 의미하게 되었습니다. 이는 수도자들이 점차 안정된 마음을 지니는 데 큰 도움이 되었습니다. 수도자들은 한 곳에 머물면서 갈수록 자신에 대해 더 많은 걸 깨닫게 되었습니다. 나 자신 안에 머물기 위해서는 규칙적인 하루 일과가 필요합니다. 또한 개인 생활과 공동생활의 조화도 필요합니다. 그런 외적인 질서를 통해 수도자는 점차 내적인 질서를 습득하게 됩니다.

이러한 옛 수도자들의 치료법이 경계성 인격 장애에 직접적인 도움이 된다고는 단언할 수 없지만 간접적으로는 도움을 줄 수 있습니다. 심리학자들도 '경계성 인격 장애'를 겪는 이들이 규칙적인 생활을 하면 편안함을 느낀다는 점을 인정합니다. 규칙적인 생활을 통해 열심히 일하게 되어 점차 성과를 내게 된다는 것입니다.

분별력 지니기

베네딕토 성인은 '분별력'(라틴어로 '디스크레치오Discretio')이란 말을 즐겨 썼습니다. 이 단어는 '분리하다, 구별하다, 판단하다'를 뜻하는 라틴어 동사 '디스체르네레discernere'에서 왔습니다. 따라서 '분별력'은 본래 '구별 능력'을 뜻한다고 할 수 있지만, 베네딕도회에서는 전통적으로 '분수를 깨닫는 직감력'으로 이해해 왔습니다.

'분수'는 이성적 논거를 통해서만 파악할 수 있는 것이 아닙니다. 우리에게는 분수를 알아차리는 직감력도 필요합니다. 그것은 자신의 적정 한도에 대한 직감력을 말합니다. 또한 자신에게 어울리는 것, 포기해야 할 것, 누릴 수 있는 것이 무엇인지 직감적으로 압니다. '분별력'은 다른 사람의 분수를 알아차리는 직감력을 뜻하기도 합니다. 우리는 다른 사람에게 필요하고 유익한 것이 무엇인지 직감적으로 압니다. 베네딕토 성인이 자주 인용했던 저술가이자 수도자인 요한 카시아노(360~435년경) 성인은 '분별력'을 '총명함'과 '분수를 깨닫는 직감력'을 합친 개념으로 이해했습니다. '총명함'이 있어야 자기 자신과 다른 사람의 분수를 알아차릴 수 있기 때문입니다. 성인은 "분별력은 다른 사람을 살필 때 그의 성향을 신중히 구별하여 평가하는 능력"이라고 말했습니다.

옛 수도자들은 "과도함은 악령에게서 비롯된다."라는 생각을 가지고 있었기에 분수를 벗어나는 과도함을 피하고자 하였습니다. 이는 극단적인 금욕 생활을 하는 사람에게도 필요한 말입니다. 이런 이들은 자기 자신과 다른 사람들에게 엄격하게 대하고 삶을 즐길 줄 모릅니다. 이는 극단적인 향락주의만큼이나 좋지 못한 태도입니다. 과도함에서 벗어나기 위해서는 언제나 '금욕'과

'향유' 모두가 필요합니다.

    우리는 자기 자신을 평가할 때에도 적당한 정도를 지켜야 합니다. 즉, 자신의 가치를 평가 절하하거나 부풀려서는 안 됩니다. 스위스의 정신 의학자 카를 구스타프 융은 자신의 가치를 부풀리는 것이 어떤 결과를 가져오는지를 다음과 같이 설명했습니다.

> ○   우리는 자신이 고행자나 예언자, 개혁자, 조력자, 치유자와 같은 '원형元型'*의 모습을 지니고 있다고 생각합니다. 이런 사람들의 모습은 멋지게 보일 뿐만 아니라 유익한 기능도 합니다. 우리가 조력자나 치유자의 모습을 마음속에 떠올리고 새길 때, 영혼에 잠재되어 있던 돕는 능력, 치유하는 능력이 활기를 띠게 됩니다. 이처럼 원형의 모습은 우리 영혼의 밑바닥에 이미 존재하는 원천을 의식하고 그것에 집중하게 만듭니다. 그러나 자신을 원형의 모습과 동일시하게 되면, 자기 모습을 실제보다 부풀리게 됩니다. 그 결과 현실 감각이 떨어지고, 원형적 모

- 융은 우리의 집단 무의식에 내재해 있는 인간 본연의 모습을 '원형'이라고 불렀다. 그는 '원형'이 개인 인격의 기본적인 토대가 된다고 생각했다. ― 역자 주.

습과 같아지고자 하는 욕구에 눈이 멀게 됩니다.

때때로 저는 스스로를 예언자로 자처하는 사람들에게서 편지를 받습니다. 그들은 오늘날 이 세상이 어떤 병을 앓고 있는지 잘 알고 있다고 생각합니다. 그리고 자신의 생각이 맞다고 전적으로 확신하며 다른 사람을 움찔하게 만드는 공격적인 태도로 자신의 생각을 밝힙니다. 그렇기 때문에 사람들은 이들의 말에 이의를 제기해서는 안 될 것 같은 인상을 받습니다. 그러나 이런 사람들은 자신의 말을 절대적으로 믿을 것을 요구하면서도 스스로가 분수에 넘친 행동을 하고 있다는 것을 전혀 의식하지 못합니다. 그래서 자신의 의견이 틀린 적이 없다고 주장하지요. 이렇게 자기 분수를 깨닫지 못하는 사람은 다른 사람들을 온당하게 대하지 못합니다. 다른 사람의 몫을 깨닫지 못하고, 그저 자기 욕구만을 쫓기 때문입니다.

옛 수도자들은 영성 활동의 '분별력'을 높이 평가했습니다. 수도 생활의 창시자로 일컬어지는 이집트의 안토니오(251~356년) 성인은 이렇게 말했습니다.

○　지나친 고행으로 몸을 혹사하는 사람들이 있습니다. 그들은 분별력이 없기 때문에 하느님과 동떨어진 삶을 삽니다.

　이는 분별력 없는 삶을 살면 하느님께 다가가지 못한다는 의미입니다. 우리는 영성을 추구하는 일에서도 무절제한 모습을 보일 수 있습니다. 그러면서 자신의 고행이 하느님 마음에 들 것이라는 생각에 스스로 흐뭇해하지요. 그러나 그럴 때일수록 마음을 깨끗이 하고 성령을 받아들이기 위해 고행을 하는 것인지, 아니면 나의 공명심을 채우기 위해 고행을 하는 것인지 식별해야 합니다. 하느님께 마음을 열기 위해 고행하기도 하지만, 자신의 만족감을 채우려고 고행하는 이들도 많기 때문입니다.
　옛 수도자들이 분별력 있다고 여긴 이가 바로 신클레티카(4세기경) 성녀입니다. 성녀는 사막에서 은수자 생활을 하며, 자신을 따르는 수많은 부녀자들에게 금욕 생활을 어떻게 해야 하는지를 가르쳤습니다. 성녀의 이러한 가르침을 전한 글에서는 올바른 금욕 생활을 하려면 중용을 따르는 분별력이 꼭 필요하다고 언급하고 있습니다.

○ 극단적인 금욕 생활은 악마에게서 온 것입니다. 악마의 제자들이 그런 생활을 하기 때문입니다. 하느님에게서 온 관대한 금욕 생활과 악마에게서 온 무자비한 금욕 생활을 어떻게 구별할 수 있을까요? 우리는 중용을 기준 삼아 그 둘을 구별할 수 있습니다. 일정한 기준에 따라 평생 단식을 실천하십시오. 고작 4~5일만 단식한 다음, 배부르게 먹어 단식을 깨지 마십시오. 어디서나 무절제는 몰락을 가져오기 때문입니다. 젊고 건강할 때 단식을 실천하십시오. 나이가 들면 몸이 약해지기 마련입니다. 영적인 양식을 가능한 많이 마련해 두십시오. 그래야 그것을 더 이상 마련할 수 없을 때 안심할 수 있습니다.

이처럼 금욕 생활이 어느 때 우리에게 유익하고 어느 때 해로운지 판단하려면, 분별력이 있어야 합니다. 자신을 드러내려고 금욕 생활을 하는 것은 악마에게서 오는 것일 수 있습니다. 이런 금욕 생활은 하느님께 마음을 열고 그분의 은총이 마음속에 스며들도록 하기보다 하느님 앞에서 자신의 능력을 드러내 보이려 합니다.

금욕 생활은 '내적인 자유를 얻기 위한 몸과 마음의 훈련'이라 할 수 있습니다. 몸과 마음을 훈련해야 자신이 지닌 힘을 제대로 쓸 줄 알게 되기 때문입니다. 하지만 훈련할 때에도 늘 적당한 한도를 지키고, 이러한 힘을 제대로 쓰는 방법을 알아야 합니다. 지나친 훈련을 하여 몸을 망친 운동선수들을 보면 이를 잘 알 수 있습니다. 신클레티카 성녀가 말한 것처럼 금욕 생활은 특히 젊은 이들을 위한 것입니다. 노년기에 자신이 금욕을 실천할 수 있을지 여부를 적절하게 판단하지 못하면 몸을 망칠 수도 있습니다. 금욕 생활은 내적인 자유를 얻기 위한 도구에 지나지 않으므로, 금욕을 실천할 수 없을 게 뻔한 데도 남과 비교해서 욕심을 가질 필요는 없습니다.

금욕 생활을 과하지 않게 해야 한다는 신클레티카 성녀의 가르침은 오늘날 우리 현실과는 거리가 멀다고 생각할 수도 있습니다. 금욕 생활을 과하게 하는 사람이 별로 없기 때문입니다. 하지만 이러한 가르침은 매우 시의적절합니다. 지나치게 높은 이상 때문에 자신에게 과도한 짐을 지우는 경우가 많기 때문입니다.

물리학 성적이 매우 나쁜데도 대학에서 물리학을 전공하길 원하는 젊은이가 있었습니다. 그는 의지만 강하다면 못 할 일이 없다고 생각하며 물리학과로 진학했지만, 대학 공부를 하는 동안 엄청난 스트레스에 시달렸습니다. 자신의 분수에 넘치는 꿈을 꾸었기 때문입니다. 이렇게 분별력 없는 모습은 나이 든 사람에게서도 찾아볼 수 있습니다. 직장에서 은퇴하고 마음이 아픈 사람들을 위해 요양원을 세우고 싶은 한 남성이 있습니다. 이런 꿈은 매우 훌륭한 것이었지만, 사실 그에게는 재정적인 능력도, 심리치료 능력도 없었습니다. 이처럼 수도자들이 극단적인 금욕 생활을 할 때 드러나는 폐단이 현대인들에게서도 심심치 않게 보입니다. 자기 능력에 대한 지나친 환상을 가지고 이상을 실현하기 위해 끈질기게 노력하는 것입니다. 그러나 그들의 내적·외적 실상은 이러한 노력이 수포로 돌아갈 것임을 보여 주고 있습니다.

상대방의 마음을 헤아리는 분별력

분별력이 없는 사람은 다른 사람들에게 큰 부담을 줍니다. 자기 생각을 남에게 덮어씌우고, 그들이 내 생각대로 행동해야 한다고 여기기 때문입니다. 다른 사람이 나의 기대에 부응하길 바라며 이를 요구하는 것입니다. 그렇게 하면서도 다른 사람이 나의 기대를 채워줄 수 있는 상황인지 파악하려고는 노력하지 않습니다. 이는 그들의 입장을 헤아리고자 노력하지 않는 것입니다.

베네딕토 성인은 누구보다도 지도자에게 분별력이 필요하다고 생각했습니다. 성인은 수도원장이 다음 사항을 유념해야 한다고 말했습니다.

○ 수도원장은 제때를 놓치지 않는 직감력과 설득력, 엄격함을 지녀야 합니다. 그는 단호하고 진지한 스승의 모습과 다정하고 자비로운 아버지의 모습을 보여야 합니다. 규칙을 어기고 침묵을 깨는 이들은 따뜻하게 타이르고, 기꺼운 마음으로 순명하며 인내하는 이들은 더 많은 선을 행할 수 있도록 격려해야 합니다. 반면 냉담하거나 반항하는 이들은 엄하게 꾸짖고 벌해야 합니다.(《수도 규칙서》 2,24 이하)

수도원장에게 요구되는 분별력은 수사들을 자비로운 태도로 대해야 할 때와 엄격한 태도로 대해야 할 때를 구별하는 것입니다. 수도원장은 지금, 이 순간 어떤 태도를 보여야 할지 직감적으로 알아야 합니다. 그리고 자비로운 모습과 엄격한 모습을 모두 지녀야 하며, 그때그때 상황에 맞는 태도를 보여야 합니다. 또한 특정한 상황에서 어떻게 행동해야 할지 잘 알고 있는 스승이자,

수사들이 내적으로 성장하도록 그들을 격려하고 신뢰하는 아버지이며, 꾸짖고 격려할 뿐만 아니라 필요한 경우에는 벌도 내리는 교사여야 합니다.

그 밖에도 분별력은 상대방이 지닌 특성에 맞게 대하고 그에게 무엇이 필요한지 알아차리는 능력이라 할 수 있습니다. 베네딕토 성인은 수도원장이 유념해야 할 사항을 이렇게 말했습니다.

o 수도원장은 수도자들을 각자의 특성에 따라 이끌어야 하는 어렵고 힘든 임무를 맡았다는 것을 깨달아야 합니다. 어떤 이는 칭찬으로, 어떤 이는 꾸짖음으로, 어떤 이는 설득으로 대해야 하지요. 수도원장은 각자의 이해력과 개성을 고려하여 수사들을 대하고, 그들에게 관심을 보여야 합니다.(《수도 규칙서》 2,31 이하)

분별력이 없으면 사람들을 잘 이끌 수 없습니다. 분별력은 '상대방의 마음을 주의 깊게 살피고 배려하는 태도'라 할 수 있으니까요. 저는 수사들이 자신의 생활과 업무 여건을 불평 없이 받아들일 수 있도록 각자에게 유익하고 필요한 것이 무엇인지 주의 깊게 살핍니다. 또한 수사들을 잘 이끌기 위해서 공평함을 지키려고 노력합니다. 그러나 분별없이 정의만 내세우면 무차별이라는 늪에 빠지기 쉽습니다. 분별력이 있는 사람은 상대방을 정당하게 평가하고 적절하게 대합니다. 서로를 정당하게 평가하고 적절하게 대할 때, 우리는 자신의 상태에 만족하며 자신과 남을 비교하지 않게 됩니다. 이처럼 지도자가 우리를 각자의 특성에 맞게 대하면 스스로의 삶을 받아들이게 됩니다.

일의 우선순위를 구별하기

우리에게는 사람에 대한 분별력을 갖는 것만큼이나 일에 대한 분별력을 갖는 것도 중요합니다. 일은 우리 삶의 근본적인 문제 가운데 하나이기 때문입니다. 상담을 하다 보면, 일이 너무 많다고 불평하는 사람을 종종 만나게 됩니다. 그런데 그들이 어떤 일을 수행하고 있는지 살펴보면 정작 쓸데없는 일을 하느라 바쁜 경우가 많습니다. 업무의 양 자체는 그다지 많지 않은 데 말입니다. 그들에게 정말 중요한 일을 구별해 내는 분별력이 있다면 그런 문제에 처하지 않을 것입니다. 중요한 일을 구별하려면 나에게 어떤 의미가 중요한지 먼저 생각해 보아야 합니다. 여러분에게 의미가 있는 중요한 일은 무엇인가요?

중요한 일과 덜 중요한 일을 구별해 내는 능력은 무척 중요합니다. 이를 구별하지 못하면 그저 눈앞에 주어진 일을 수행하며 단조롭고 지루하게 살아가게 됩니다. 분별력이 부족하면 모든 일이 똑같이 중요해 보입니다. 하지만 실상은 모두 무의미할 뿐입니다. 이런 삶을 살면 우리는 늘 일이 많다고 느끼며, 매일 너무 많은 일거리가 쏟아진다고 불평하게 됩니다. 중요성을 따지지 않고 모든 일을 수행하다 보면, 결국 일에 치이게 되지요. 그런 경우, 중요하지도 않은 수많은 일로 큰 부담을 느끼게 될 것입니다.

중요한 일과 덜 중요한 일을 구별해 내는 것 역시 지도자가 해야 할 일이기도 합니다. 회사의 직원들은 틀에 박힌 방식에 따라 일을 하는 경우가 많습니다. 자신이 하는 일의 가치를 따져 보지 않고, 늘 하던 대로 일을 수행하는 것입니다. 이는 회사라는 조직이 가진 특성이라고 할 수 있습니다. 그러나 회사의 경영자조차 늘 하던 대로 일을 하면 그 회사는 곧 정체될 뿐 아니라 도태될 수도 있습니다. 저는 회사가 성장할수록 직원에게 더 많은 일을 맡기는 경우를 자주 봅니다. 하지만 회사의 경영자가 분별력이 있다면 직원들이 하는 일을 분석해서 일을 더 효율적으로 할 수 있도록 한 뒤, 다음 단계로 나아갈 것입니다. 이렇게 계속 모든 일에 관해 깊이 생각해야겠지요. 이러한 경영자가 있어야 회사는 끊임없이 성장할 수 있습니다. 곧, 분별력 있는 지도자는 지금 진행하는 일이 정말 중요한지, 시간만 낭비하는 것은 아닌지, 모든 일을 끊임없이 분석해 보는 사람이어야 합니다.

참된 본질을 찾기

어떤 면에서 분별력은 본질을 파악하는 일이라고도 할 수 있습니다. 본질을 파악하지 못하면 자신에게 꼭 필요한 것과 필요하지 않은 것을 구별하지 못하니까요. 그런 구별 능력이 부족하면 외부에서 오는 모든 것이 자신에게 흘러들도록 놔두게 됩니다. 그러나 우리는 모든 것을 알 필요가 없으며, 인터넷에 있는 모든 정보를 찾아볼 필요도 없습니다. 쓸데없는 온갖 정보로 머릿속이 채워지면 더 이상 자주적으로 생각하지 못하고 기발한 착상을 할 수 없게 됩니다.

본질을 추구하는 것은 정보를 분별해 내는 문제뿐만 아니라, 인간관계의 본질을 파악하는 문제에도 적용됩니다. '페이스북' 친구가 수천 명이나 되는 젊은이들이 있습니다. 저로서는 수천 명이나 되는 친구들과 대화를 나눈다는 건 꿈도 꾸지 못할 일입니다. 수백 명도 어렵습니다. 저는 그들을 보면서 인간관계조차 질보다 양이 앞서는 사회가 되고 있다고 느끼며, 참된 인간관계가 점점 줄어드는 게 아닐까 하는 걱정도 듭니다. 참된 의미의 우정은 페이스북 친구의 수로 결정되지 않습니다. 참된 친구는 시간을 함께 보내고, 친밀감도 느끼며, 대화도 나눌 수 있는 존재니까요. 이런 의미에서 인터넷에서 이루어지는 대화는 참된 대화라고 할 수 없습니다. 대화는 말을 통해 이뤄지는 것이고, 말은 입을 열어야 하는 것이기 때문입니다. 말할 때 우리는 목소리로 자신의 감정과 마음을 표현합니다. 글을 통해 다른 사람에게 마음을 전하기란 쉬운 일이 아닙니다. 직접 만나 대화를 나눌 때 비로소 자신의 마음을 다른 사람에게 전할 수 있습니다.

  본질을 추구하는 것은 인간 존재의 본질을 파악하는 문제에도 적용됩니다. 자신의 본모습이 무엇이고, 인간으로서 자신이 어떤 존재이며, 이 세상에 어떤 발자취를 남기고 싶은지 생각하지 않으면 자신을 잃게 되니까요. 폴란드 출신의 서정시인 안겔루스 질레지우스(Angelus Silesius, 1624~1677년)는 이러한 생각을 하지 않는 사람들에게 다음과 같이 경고했습니다.

○ 사람아, 본질을 추구하여라. 이 세상이 지나가면, 우연은 사라지고 본질만이 남으리니.

'본질을 추구하는 것'은 나의 본모습을 찾는 노력을 의미합니다. 외형적이고 피상적인 자신에서 벗어나, 내면 깊숙한 곳에 있는 참자아와 만나는 일을 말합니다. 나의 본모습에 관해 생각해 본 적이 없는 사람은 무절제한 삶에 빠져 자신을 잃어버리기도 합니다. 인간으로서 내가 어떤 존재이고, 어떤 삶을 살아야 할지 곰곰이 생각하는 것은 스스로의 본질을 추구하는 길이라고 할 수 있습니다. 그럴 때 우리는 내가 지닌 자원을 무분별하고 무절제하게 낭비하지 않게 됩니다. 우리의 본모습은 참자아와 일치합니다. 참자아는 하느님께서 창조하신 단 하나뿐인 존재입니다. 이를 찾을 때, 비로소 자신과 일치된 삶을 살 수 있습니다. 이 일 저 일 서두르지 않으며, 나의 중심과 본모습에 머물 수 있지요.

그렇다면 '본질'이란 무엇일까요? '본질'을 뜻하는 독일어 단어 '베젠Wesen'은 중세 독일어에서 '존재하다, 머물다, 지속하다, (어떤 일이) 일어나다'라는 의미로 쓰였던 동사 '베젠wesen'에서 왔습니다. 이를 통해 '본질'은 실재하고, 중요하며, 변함없고, 지속적인 본래적 존재'를 말한다는 것을 추측해 볼 수 있습니다. 독일의 신비주의 사상가로 도미니코회 수사였던 마이스터 에크하르트(Meister Eckhart, 1260년경~1327년)는 '본질'이란 개념을 매우 좋아했습니다. 그는 "본질이란 어떤 사물에서 바뀌지 않고 남아 있는 것, 어떤 사물에서 분리할 수 없는 본연의 모습을 이루는 바로 그것"이라고 말했습니다. '본질'은 삶을 이루는 본연이라 할 수 있으며, 우리 삶의 원초적 의미라고도 할 수 있지요. 결국 '본질'은 우리가 본연의 모습에 따른 삶을 살도록 돕습니다.

오늘날 우리는 삶에서 본질적인 것과 비본질적인 것을 구별할 필요가 있습니다. 별생각 없이 하루를 살다 보면 자신이 무엇을 원하는지도 모르게 됩니다. '본질을 추구하는 것'은 내가 하고 싶은 일이 무엇이며, 삶의 목표는 무엇인지 스스로 생각해 보는 것을 뜻합니다. 그런 생각을 하게 되면 그동안 중요하게 여겼던 많은 일들이 실제로는 사소한 것에 불과함을 깨닫게 됩니다.

파스칼 브뤼크네르는 이 문제와 관련해 아우구스티노 성인의 말을 인용했습니다.

○ "인생은 본질과, 폭풍처럼 몰려드는 경박한 생각들이 서

로 벌이는 전투와 같다."라는 말이 있습니다. 이 말처럼 우리는 사소한 일 때문에 본질을 가볍게 여깁니다. 대신 사소한 일을 매우 중요하게 생각합니다.

가까웠던 사람의 죽음을 겪고서야 이러한 사실을 깨닫는 사람들도 많습니다. 그제야 자신이 그동안 얼마나 자주 쓸데없는 말과 행동, 걱정을 해 왔는지 깨닫게 되는 것입니다. 하지만 평상시에 조금만 더 분별력을 갖고자 노력한다면, 이러한 고통을 겪지 않고도 객관적으로 사물을 바라보고 본질적 문제에 관심을 갖게 될 것입니다.

모든 일에 주의 기울이기

오늘날 영성 작가들은 종교와 문화를 막론하고 영성적 삶이 '주의를 기울이는 것'에서 시작된다고 말합니다. 저는 매 순간 집중하고 조심하는 편입니다. 물건을 조심스럽게 만지고 조심스럽게 행동합니다. 열쇠도 조심스레 쥐고, 문손잡이도 조심스레 돌립니다. 양치질이나 샤워를 할 때도 몸뿐 아니라 마음까지 씻는다는 생각으로 온전히 집중합니다. 특히 샤워할 때에는 마음의 짐이 되었던 욕망들을 물과 함께 흘려보냅니다. 그래서 샤워장을 나설 때에는 마치 새로 태어난 듯한 느낌을 받습니다. 이처럼 매 순간 주의를 기울이면 삶을 보다 알차게 살 수 있습니다. 주의 깊게 행하고 만지고 냄새 맡고 맛보고 먹고 마시고 느낌으로써, 고리타분했던 삶이 신선한 체험으로 바뀌게 됩니다.

주의를 기울이며 사는 사람은 자기 자신과 동료, 자연, 하느님과 유기적인 관계를 맺고 삽니다. 하지만 그렇지 않으면 관계가 단절되기 쉽습니다. 우리 시대의 심각한 병폐는 이러한 '관계 단절'에서 온다고 할 수 있습니다. 사람들은 자기 자신뿐만 아니라 자연이나 하느님과 맺은 관계가 약해졌기 때문에 어떤 관계를 오래 맺지 못하고 쉽게 갈아탑니다. 그렇지 않으면 자신이 살아 있음을 느끼지 못하기 때문입니다. 자신과의 관계 회복을 위해 다른 사람을 이용하는 것은 그를 착취하고 과도한 부담을 지우는 행위가 됩니다. 또한 어떤 것과의 관계가 단절된 사람은 다른 것도 함부로 다룹니다. 이는 자연과의 관계가 단절된 사람이 자연을 함부로 다루는 것과 마찬가지입니다. 그들은 오로지 자신의 목적을 위해 자연을 이용하거나 파괴합니다.

이러한 '관계 단절'의 모습은 오늘날 젊은이들에게서 많이 찾아볼 수 있습니다. 학교 교사들은 학생들이 학교 시설물을 얼마나 함부로 다루는지 잘 알고 있습니다. 학생들은 악의로 그런 행동을 하는 것이 아니라 사물과 관계가 단절되었기 때문에 그런 것입니다.

'관계 단절'은 '불안'을 가져옵니다. 그래서 오늘날 사람들 사이에는 불안이 널리 퍼져 있습니다. 매 순간에 충실한 삶을 살지 않으면 자신과의 관계가 단절되어, 살아 있다는 것을 느끼기 위해 갈수록 더 큰 자극이 필요하게 됩니다. 그래서 가능한 한 먼 곳으로 휴가를 떠나고, 매우 위험한 스포츠를 즐기기도 합니다. 반면에 자신과의 관계 속에서 사는 사람은 숲속을 산책하는 것만으로도 살아 있음을 절실히 느낍니다. 숲속에서 나무 냄새와 흙냄새, 꽃 냄새를 맡으며, 새가 지저귀는 소리와 벌레가 붕붕거리는 소리를 듣지요. 그리고 나무들과 대화하고 교감하며 매력을 느끼고, 숨을 들이마시며 공기에 녹아 있는 모든 것을 느끼지요. 이 숨 속에는 우리가 갈망하는 모든 것이 들어 있습니다. 그는 자신이 자연의 한 부분이며, 보호받고 보살핌을 받는, 소중하고 활력 넘치는 존재라는 것을 깨닫게 됩니다.

영성 생활을 잘하려면 하느님을 향한 직감을 키우기 위해 모든 것에 주의를 기울여야 합니다. '주의를 기울이는 것'은 '존재하는 것에 관심을 가짐'을 뜻합니다. '주의'를 뜻하는 독일어 명사 '아흐트Acht'는 '숙고하다, 고려하다'라는 의미를 지닌 인도게르만어 '오크ok'에서 왔습니다. 따라서 '주의를 기울임'은 '현실을 숙고함, 현실을 있는 그대로 바라봄'을 뜻하기도 합니다.

영성 생활은 '잠에서 깨어남'을 뜻합니다. 인도 출신의 예수회 사제인 앤소니 드 멜로(Anthony de Mello, 1931~1987년)는 영성적으로 잠들어 있는 사람이 많다고 했습니다. 이런 이들은 자신의 삶이 일·관계·성공·실패·안녕으로만 이뤄져 있다고 잘못 생각합니다. 하지만 '신비'는 현실에서 도피하는 것이 아니라, 현실에 눈뜨는 것입니다. 본래부터 현존하시는 하느님을 향해 눈뜨고, 본래부터 그분께서 존재하셨음을 믿으며, 맑은 정신으로 그분을 바라보는 것입니다. 그럴 때에만 우리는 하느님 뜻에 맞게 살 수 있습니다.

베네딕토 성인은 '주의를 기울이는 것'에 대해 이야기할 때 '쿠스토디레custodire'라는 라틴어 단어를 즐겨 사용했습니다. '쿠스토디레'는 '주의하다, 감시하다, 지켜보다'라는 뜻을 지녔습니다. 성인은 '주의를 기울이는 것'을 이렇게 설명했습니다.

○   수도자는 자신이 어떤 행동을 하며, 어떤 행동을 해도 된다고 생각하는지 늘 지켜봐야 한다.(《수도 규칙서》 4,48)

수도자는 되는 대로 행동해서는 안 되며, 늘 자신의 행동에 주의를 기울여야 한다는 뜻입니다. 또한 성인은 수도자는 자신이 하는 말에도 주의를 기울여야 한다고 했습니다.

○   수도자는 사악하거나 점잖지 못한 말을 하지 않도록 주의해야 합니다.(《수도 규칙서》 4,51)

'침묵'은 주의를 기울이는 태도를 배울 수 있는 좋은 방법입니다. 그런 까닭에 베네딕토 성인은 '침묵'에 관한 장을 다음과 같은 말로 시작했습니다.

○   우리는 "내 길을 지키어 내 혀로 죄짓지 않으리라. 나는 내 입에다 파수꾼을 두었고, 벙어리가 되어 낮추어졌으며, 좋은 일에 대해서도 말하지 않았노라."라고 하신 예언자의 말씀을 실천해야 합니다.(《수도 규칙서》 6,1)

'파수꾼'은 수도 생활과 관련하여 자주 쓰이는 표상입니다. 에바그리우스는 이와 유사한 '문지기'라는 표상을 사용했습니다. '문지기'는 '정신'이라는 집에 어떤 생각이 들어오려고 하면 그 생각이 집주인인지, 아니면 몰래 숨어드는 침입자인지 확인합니다. 문지기는 적당치 못한 생각들이 우리 머릿속에 들어오는 것을 막아, 우리가 그 집의 진정한 주인이 되도록 하고, 하느님도 함께 그 집 안에 사시도록 합니다. 그렇다고 '쿠스토디레'가 통제를 의미하는 것은 아닙니다. 이는 하느님의 현존과 모든 사물 안에서 빛나는 그분의 신비를 깨닫기 위해 '깨어 있는 정신으로 주의를 기울이며 사는 것'을 의미합니다.

수도자는 생각과 감정을 억지로 억눌러서는 안 됩니다. 그렇게 하면 억눌린 생각과 감정으로 인해 통제 불능 상태에 빠지게 됩니다. 그래서 자기 마음을 주의 깊게 지켜보며, 어떤 생각이 마음속에 떠오르는지, 그 생각이 자신에게 유익한지 아니면 해로운지 세심하게 살펴야 합니다. 또한 생각과 감정이 어떤 에너지로 작용할지, 자기 마음속을 떠나지 않는 것은 무엇인지에 주의를 기울여야 합니다.

주의를 기울이며 살려고 노력한다면 내적인 자유를 얻을 수 있습니다. 영성 상담을 하다 보면 많은 사람이 영성 생활을 잘못 이해하고 있다는 것을 알 수 있습니다. 그들은 하느님 앞에서 선행을 하고, 묵상과 기도도 자주 하여, 갈수록 자신의 결점을 극복해 나가는 것이 영성 생활이라고 생각합니다. 그러나 영성 생활을 이렇게 이해하면 금세 부담감을 느껴 버립니다. 그 대신에 영성 생활을 '주의를 기울이는 노력'으로 이해하면 부담이 줄어듭니다. 그렇게 영성 생활을 하면 우리는 삶을 알차게 사는 법을 알게 되며, 매일매일 기쁨을 찾을 수 있습니다. 이는 매 순간에 충실하게 사는 방법이기에 순간을 맛보고 즐기도록 도와줍니다. 그리고 이러한 충만함을 주신 하느님께 감사하게 됩니다.

영성 생활을 하느님과 자기 자신, 그리고 자신의 양심을 만족시키기 위해 해야 할 일이라고 생각하면 신심은 삶을 방해하는 요소가 되기 일쑤입니다. 참된 의미를 찾으며 사는 것이 아니라 신앙 행위 속으로 피신한다고 할 수 있습니다. 그렇게 살 때 하느님도, 나 자신도, 나의 삶도 좋아하지 않게 됩니다. 베네딕토 성인은 주님의 학교에서 사는 즐거움을 배우는 것이 영성 생활이라고 했습니다. 그리스도께서 몸소 우리에게 "사는 것이 즐거우냐?" 하고 물으신다는 것입니다. 베네딕토 성인은 인간을 생명으로 이끄시는 그리스도의 부르심에 대해 다음과 같이 말했습니다.

> O 사랑하는 형제들이여, 우리를 생명으로 부르시는 주님의 목소리보다 더 기쁜 소리가 있을까요? 주님께서 자비로운 마음으로 우리에게 생명에 이르는 길을 보여 주신다는 사실을 깨달으세요. (《수도 규칙서》 머리말)

주의를 기울이며 살라는 권고는 수도자들에게만 해당되는 것이 아닙니다. 현실을 부주의하게 지나치거나, 쓰레기를 함부로 버리거나, 마주치는 사람을 가볍게 대하지 말고 삶의 매 순간에 주의를 기울여야 한다는 권고는 오늘날 모든 이에게 참으로 유익합니다. 저는 이 권고를 '주의를 기울이는 것'과 '자유'의 관계를 통해 더 자세히 설명하고자 합니다.

자유와 일치

'주의를 기울이는 것'과 '자유'는 짝을 이루고 있습니다. 깨어 있는 정신으로 주의를 기울이며 사는 사람은 다른 사람에게 휘둘리지 않고 자유롭기 때문입니다. '주의를 기울이는 것'은 '일치'와도 일맥상통합니다. 주의를 기울이며 행동할 때 자기 자신과 하나가 되기 때문입니다. '자유'와 '일치'는 '주의를 기울이며 살기'가 지향하는 가장 중요한 두 가지 목표라 할 수 있습니다. 그 두 가지는 인간의 가장 깊숙한 내면에 자리한 갈망입니다. 베네딕토 성인은 그 갈망에 대한 해결책을 《수도 규칙서》에서 제시하고자 했습니다. 깨어 있는 정신으로 주의를 기울이며 살려면, 수도자는 '부주의'라는 잠에서 깨어나야 합니다. 그리고 자신이 하느님께 부주의했다는 것을 깨닫고, 그분에게서 멀어진 마음을 돌이켜야 합니다. 인간의 본향은 하느님 곁이며, 그분 곁에서야 비로소 하느님께서 지으신 본모습을 온전히 되찾을 수 있기 때문입니다. 이렇게 하여 수도자는 자기 자신과 자신의 참된 본모습뿐만 아니라 하느님·동료·피조물과 하나가 되어야 합니다. 따라서 '주의를 기울이며 사는 것'은 순간에 몰입하고, 내가 지금 하는 일이나, 지금 만지는 것, 지금 대하는 것과 하나 되는 비법이라 할 수 있습니다.

'일치'에 대한 갈망은 특히 고대 그리스인들에게서 확연히 찾아볼 수 있습니다. 그들은 여러 가지 욕구와 감정으로 마음이 갈라진 인간이 겪는 비참함을 체험했습니다. 인간은 종종 자기 안에 서로 관련이 없는 여러 가지 바람과 생각을 갖고 있으며, 그것들을 하나로 묶지 못해 마음이 찢어지고 갈라지는 것을 느낍니다. 이는 고대 그리스인들만 겪은 체험이 아닙니다. 마음이 갈라지면 인간은 자기 주변도 망가뜨리게 됩니다. 반대로 마음이 치유되면 자신과 주변 세상의 관계도 회복되지요.

이렇게 마음이 갈라지는 데에서 벗어나려면, 주의를 기울이며 살아야 합니다. 그것은 전적으로 순간에 충실하고, 동작·호흡·감각에 몰입하는 것을 뜻합니다. 몸에 주의를 기울인 채 자연 속을 걷다 보면, 우리는 자연과 하나 되고, 이를 통해 하느님을 비롯한 모든 사람과도 하나 됨을 느낍니다. 주의를 기울이며 산다는 것은, 자신 안이나 주변에 있는 모든 갈등을 통합하는 일이라 할 수 있습니다. 주의를 기울이며 산다는 것은 과거와 현재, 그리고 미래와 하나 되고, 하느님과 인간, 인간과 자연이 하나 됨을 체험할 수 있는 비결입니다. 그것은 현재에 온전히 몰입하는 비결이기도 합니다. 지금 이 순간에 온전히 몰입할 때 우리는 모든 것과 하나 됩니다. 현재에 온전히 몰입하는 체험은 자연을 주의 깊게 대하는 태도로 드러납니다.

겸손이라는 용기

중용을 지키며 살려면 우리는 자신뿐만 아니라 이 세상 사물과도 좋은 관계에 있어야 합니다. 사물과 좋은 관계를 맺은 사람만이 그것을 잘 다룰 수 있기 때문입니다. 하지만 사물을 잘 다루는 일은 이성이 해결할 수 있는 부분이 아닙니다. 이성으로만 해결할 수 있다면, 어떤 이는 '금손'(손재주가 좋은 사람)이 되고 어떤 이는 '곰손'(손재주가 없는 사람)이 될 리가 없습니다. 또한 의지만 있다면 무슨 일이든 할 수 있을 테고요.

다른 것과 좋은 관계를 맺으려면 외적인 행동을 바꿔야 하는데, 외적인 행동을 바꾸기 위해서는 내적인 태도도 바꿔야 합니다. 바로 '겸손'한 태도를 가져야 하는 것입니다. 그런데 오늘날 '겸손'은 높이 평가받는 것 같지 않습니다. 오히려 자신을 드러내는 태도가 높이 평가받는 듯합니다. 하지만 '겸손'은 진실을 인정하는 용기이며, 자기 자신 및 사물과 관계를 맺는 용기입니다. 라틴어에서 '겸손'을 뜻하는 단어는 '후밀리타스Humilitas'인데, 이 단어는 '흙'이란 의미를 지닌 명사 '후무스Humus'에서 왔습니다. 따라서 '겸손'은 자신의 깊은 내면에 존재하는 진실, 곧 인간이 흙에서 왔음을 고백하는 용기를 뜻합니다. 또한 '겸손'은 붕 떠 있지 않고, 두 발로 땅을 딛고 서 있는 용기를 말합니다. 두 발로 땅 위에 서 있을 때, 우리는 내가 흙에서 왔으며 흙으로 돌아가리라는 것을 깨닫습니다. 그럴 때 흙을 주의 깊게 대하게 되고, 나도 흙과 같은 존재라는 것을 깨닫게 됩니다. 이처럼 '겸손'은 자기 자신을 올바르게 대하고 소중하게 여기는 데 필요한 전제 조건이라 할 수 있습니다.

카를 구스타프 융은 성숙한 인간에게서 볼 수 있는 중요한 태도 가운데 하나가 '겸손'이라고 말했습니다. '겸손'은 자신의 결점을 바라보고 이를 삶 안에 받아들이는 것이라고 생각한 거지요. 자신의 모습을 솔직하게 받아들이는 사람은 겸손한 사람입니다. 겸손한 사람은 자신에게 이상적인 모습뿐만 아니라 이상적이지 못한 모습도 있다는 것을 잘 압니다. 또한 친절한 태도뿐만 아니라 공격적인 태도도 지니고 있음도 잘 알며, 자신 안에 솔직한 면뿐만 아니라 솔직하지 못한 면이 있다는 것도 압니다. 융은 '겸손'을 자신의 진실을 받아들이는 용기로 이해했습니다. 그런 용기는 마음에 평정을 가져옵니다.

요즘은 많은 사람이 자신의 약점을 감추려고 노력합니다. 저와 상담을 한 어느 여성이 있습니다. 그는 "저는 고요 속에 머물기 힘들어요. 제 안에 있는 화산이 자꾸 폭발하기 때문이에요."라고 고백하며 자신의 약점을 밝혔습니다. 하지만 이 여성처럼 자신을 다스리려고 계속 애를 쓰면 에너지가 많이 필요합니다. 또한 그렇게 노력했음에도 불구하고 언젠가 자신이 또 폭발하지 않을까 하는 걱정 속에 살아야 하지요. '겸손'은 '자신 안에 있는 모든 것을 받아들이는 용기'라 할 수 있습니다. 약점 또한 자신의 일부임을 받아들이는 것이 겸손입니다. 자신의 약점을 받아들이면 그 약점은 더 이상 스스로에게 위협이 되지 않습니다. '겸손'은 자신에 대한 두려움을 없애 주고, 자신 안의 모든 것을 인정하게 합니다. 그리고 자신 안의 모든 것에 하느님 사랑이 깃들어 있음을 믿게 됩니다. 이는 그리스도교 신앙의 본질입니다. 하느님은 예수님을 통해 이 세상의 가장 낮은 자리로 내려오셨기 때문에, 우리 역시 자기 영혼의 가장 어두운 곳으로 내려갈 용기를 가질 수 있습니다. 또한 예수님께서 나의 모든 약점을 어루만지고 고쳐 주시리라고 굳게 믿을 수 있습니다.

"누구든지 자신을 높이는 이는 낮아지고 자신을 낮추는 이는 높아질 것이다."(루카 18,14)라는 예수님의 말씀은 '자기 영혼의 밑바닥까지 내려가라.'는 뜻으로 이해할 수 있습니다. 이 말씀은 자기 자신을 업신여기라는 말이 아닙니다. 오히려 자기 모습을 있는 그대로 인식하는 한편, 다른 사람을 존중하라는 뜻입니다. 카를 구스타프 융은 외톨이가 되지 않으려면 겸손해야 한다고 말했습니다. 겸손한 사람은 내 곁에 있는 모두가 소중하다는 것을 잘 압니다. 반면에 다른 사람들을 깔보는 사람은 그들과 참된 관계를 맺지 못하고 외톨이가 됩니다. 늘 자신의 업적만 내세우는 사람은 참된 친구를 결코 사귈 수 없습니다. 참된 친구를 사귀려면, 꾸밈없는 태도로 다른 사람을 대해야 하기 때문입니다.

스페인의 신비주의 사상가인 예수의 데레사(1515~1582년) 성녀도 '겸손'을 위와 같은 의미로 이해했습니다. "겸손은 진실 속을 거니는 것"이라고 말입니다. 따라서 '겸손'은 '다른 사람들을 정직하게 대하는 태도'를 넘어서, 나의 참모습을 인식하고 진실하게 사는 것을 뜻합니다. 인간의 참모습에는 우리가 흙에서 온 피조물이며, 덧없고 유한한 존재라는 점도 포함됩니다. '겸손'은 피조물에 대한 경외심과 자연을 존중하는 마음으로, 제각기 한계를 지닌 모든 사람을 존중하고 존경하는 모습으로 나타납니다.

베네딕토 성인은 수도원의 재정 관리자와 장인匠人은 누구보다도 겸손한 태도를 지녀야 한다고 말했습니다. 《수도 규칙서》의

'재정 관리자'에 관한 항목에는 이러한 말이 있습니다.

○ 재정 관리자는 무엇보다 겸손해야 합니다.(《수도 규칙서》 31,13)

베네딕토 성인은 재정 관리자가 자신이 지닌 책임과 권한을 휘두르며 자칫 동료 수사들을 무시하거나 현실 감각을 잃을 우려가 있음을 간파했습니다. '겸손'은 동료 수사들과 거리를 두기보다, 그들과 똑같은 눈높이에서 함께 걷겠다는 마음가짐을 말합니다. 베네딕토 성인이 수도원 재정 관리자에게 권고한 내용을 우리 시대의 권력자들도 마음에 새겨야 합니다. 온 가족이 자신의 수입에 의존하고 있으므로 모두 자신의 의견에 따라야 한다고 생각하는 가장이나, 자신이 결정권자임을 내세워 직원들 위에 군림하듯 있는 회사 경영자도 베네딕토 성인의 권고를 명심해야 합니다. 수도원의 장인들에 관한 《수도 규칙서》 항목에는 이러한 말이 있습니다.

○ 수사들 가운데 장인들이 있다면, 그들은 수도원장의 허

> 락하에 겸허한 마음으로 자기 재능을 발휘해도 좋습니다. 그러나 그들 가운데 누가 자기 재능을 뽐내며 자신이 수도원에 수익을 가져온다는 생각으로 다른 수도자들을 무시한다면, 그 일을 못하게 해야 합니다.《수도 규칙서》 57,1-3)

이 말은 매우 가혹하게 들립니다. 그러나 자기 일과 자기 작품을 올바로 대하는 것이 장인인 수도자가 지녀야 할 '겸손'이라 할 수 있습니다.

오늘날 사람들은 자신이 만든 상품을 돈벌이나 자신을 드러내는 수단으로만 이용하는 경향이 있습니다. 그들은 물건을 만드는 일에 더 이상 몰입하지 않습니다. 한 예로, 오늘날 미국의 제약 회사들은 연구보다는 마케팅에 더 많은 돈을 쏟아붓습니다. 제품을 제대로 만드는 일보다 포장하는 일에 더욱 신경쓰는 것이지요. 출판업계의 상황도 크게 다르지 않습니다. 책의 내용보다 광고가 판매량을 좌우하는 경우가 많습니다. 심지어 책에 대한 관심을 불러일으키기 위해 스캔들을 만드는 경우도 있습니다. 하지만 좋은 책을 만드는 데 진력하는 것이 출판업계가 지녀야 할 겸손한 태도라 할 수 있습니다.

정성스럽게 물건을 만드는 것도 겸손한 태도에 속합니다. 장인이 자기 작품에 애착을 갖고 정성을 다하면, 그 작품은 오랫동안 높은 가치를 지니게 됩니다. 저희 수도원에는 50년 전에 공들여 만든 가구들이 아직도 많이 남아 있습니다. 시간의 흔적이 묻은 이러한 가구일수록 가치가 높게 느껴집니다. 바로 장인의 겸손한 태도 때문에 높은 가치를 지니게 된 것이지요. 이러한 작품을 만드는 장인은 사람뿐만 아니라 사물에 대해서도 몸을 숙이고 경외하는 태도를 가집니다. 이렇게 겸손한 태도를 지닐 때 우리는 사물을 더욱 아끼고 사물의 가치를 느끼게 되어 다른 사람들에게도 그 가치를 맛보게 할 수 있습니다.

오늘날 여러 물품은 만들어질 때 이미 사용 연한이 정해지는 경우가 많습니다. 몇 년 만 지나도 제품이 낡아 새것을 사야 합니다. 새 물품이 성능도 더 좋고 가격도 더 싸다는 광고도 넘쳐 납니다. 그러나 이는 올바르지 않은 경우가 많습니다. 사무실에 있는 제 책상은 수도원 재정 관리를 맡았던 저의 선임자가 수도원 목공실에 주문해서 만든 것입니다. 60년도 더 되었지만 여전히 상태가 좋고 쓰는 데 아무 문제가 없지요. 저는 그 오래된 책상을 늘 조심스레 다룹니다. 그 책상을 만든 선배 수사의 사랑과 노고가 깃들어 있음을 느끼기 때문입니다.

저는 수도원 재정 관리를 맡고 있으므로 장인인 동료 수사들과 가구를 수도원에서 직접 제작할 것인지, 아니면 가구점에서 살 것인지 논의할 때가 많습니다. 물론 수도원에서 가구를 직접 제작하는 것은 비용이 더 많이 들지요. 그러나 충분히 생각하고 정성을 다해 만든 가구가 당연히 더 오래갑니다. 결국 수도원에서 직접 가구를 만드는 것이 가구를 몇 년마다 새로 구입하는 것보다 비용이 절감됩니다.

회사 임원이 되자마자 사무실부터 새로 꾸미고 가구도 바꾸는 사람이 많습니다. 하지만 그것은 자원과 에너지를 낭비하는 일입니다. 낡은 가구도 얼마든지 새로 고쳐 쓸 수 있기 때문입니다. 낡았다고 무작정 버리면 그 가구는 자연을 해치는 폐기물이 됩니다. 우리가 가구를 처리할 때 무는 처리 비용은 얼마 되지 않는 듯 보이지만, 지구를 생각한다면 이 비용이 얼마나 큰 것인지 쉽게 짐작할 수 있습니다.

물건을 함부로 다루고 아끼지 않는 태도는 과소비의 전형적인 모습입니다. 사람들은 자신이나 다른 사람들이 만든 물건을 겸손하게 대하지 않는 편입니다. 그 결과 물건의 가치를 인식하지 못하고, 그저 물건을 빨리 손에 넣어 사용하기만을 바랍니다. 저는 사물을 겸손하게 대하는 사람이 상당히 적다는 사실에 종종 놀랍니다. 사람들은 쓰던 물건에 느닷없이 싫증을 느끼고 새것으로 바꾸고는 합니다. 하지만 그럴 때일수록 사물을 다르게 대하는 태도, 곧 사물을 있는 그대로 받아들이고 존중하는 겸손한 태도가 필요합니다. 겸손한 태도가 없다면 당장 드는 비용만 생각하게 됩니다. 하지만 단기적 비용 절감을 넘어 전 지구적인 책임감을 느껴야 합니다.

많은 이들이 진부하다고 여기는 '겸손'의 미덕은 특히 오늘날 우리가 사물을 올바로 대하는 데 꼭 필요합니다. 앞에서 설명한 바와 같이 우리가 물건을 좀 더 겸손하고 신중하게 대한다면, 물건을 함부로 낭비하는 일은 없어질 것입니다.

제 3 장

남은 것은 실천뿐

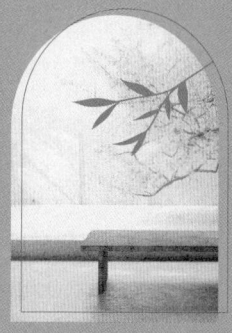

딱! 알맞게
살아가는 법

구체적인 조언들

●

　이제까지는 어떻게 해야 중용을 지키며 살아갈 수 있는지에 관해 이야기했습니다. 그럼 이 장에서는 베네딕토 성인의 생각을 토대로 중용과 관련된 몇 가지 구체적인 조언을 드리고자 합니다. 저는 수도자들이 수도원 안에서 세상과 격리된 채 자신만을 위해 산다고 생각하지 않습니다. 그리고 제가 수도자로서 세상 사람들에게 무슨 도움을 줄 수 있는지, 세상을 위한 수도자의 사명은 무엇인지 스스로에게 늘 묻습니다. 우리 수도자들이 세상에 필요한 것이 무엇인지 더 잘 안다고 말하려는 것은 아닙니다.

　수도원에서 공동생활을 하다 보면, 우리가 품었던 고귀한 이상들은 희미해지기 마련입니다. 함께 살다 보면 각자의 결점과 한계가 그대로 드러나기 때문에 공동생활에는 무엇보다 '겸손'의 미덕이 필요합니다. 그러다보면 수도자들은 종종 어떤 커다란 이상도 실현할 수 없음을 깨닫습니다. 베네딕토 성인도 공동체의 삶에 관해 매우 솔직하게 말하며, 수도원 공동체 안에도 매일 다툼이 생긴다는 것을 인정했습니다. 그럼에도《수도 규칙서》를 통해 수도자들에게 필요한 생활 지침을 마련했으며, 수도 생활을 통해 수도자들이 세상을 위한 축복이 될 수 있다는 점을 굳게 믿었습니다. 저는 그런 맥락에서 "인간에게 필요한 것은 무엇이고, 특히 현대인에게 필요한 것은 무엇인가?"라는 질문에 대한 답으로, 우리 수도원 공동체에서 겪었던 체험들을 이야기하고자 합니다. 이는 세속의 삶을 사는 여러분에게도 도움이 될 것이라고 생각합니다.

본질에 집중하기

오늘날 우리는 피상적인 것에 지나치게 집착합니다. 그 점은 우리에게 밀려드는 공식적인 정보의 양만 보더라도 알 수 있습니다. 의사소통은 신속히 이뤄지지만 그 내용은 금방 잊히기 때문에 참된 만남과 대화가 이뤄지기 어렵습니다. 독일의 정신과 의

사이자 뇌 연구가인 만프레드 슈피처(Manfred Spitzer, 1958년~)는 이러한 현상을 '디지털 치매'라고 불렀습니다. 정보의 양이 너무 많아 본질적인 내용을 놓치게 된다는 것이지요. 사람들은 인터넷을 통해 수시로 대화를 나누지만 대화의 내용은 피상적인 것에 머뭅니다. 그로 인해 주의력도 떨어지고, 집중해서 글을 읽고 이해하는 능력도 떨어집니다. 줄곧 소셜 네트워크 서비스나 문자 메시지로만 연락하기 때문에 참된 대화를 나누기도 어렵습니다.

그렇기 때문에 나누는 대화의 주제도 사소한 것에 국한될 때가 많습니다. 아프가니스탄 전쟁에 파견되었던 군인은 귀국 후에 친구들과 만났을 때 전쟁에서 겪었던 일을 말할 수 없었다고 합니다. 친구들의 대화 내용은 마트에 진열된 새로운 할인 상품이나 유행하는 옷, 볼만한 영화에 관한 것이었으니까요. 그는 친구들과 삶과 죽음이라는 문제에 관해 대화를 나눌 수 없다는 사실에 크게 실망했습니다. 아프가니스탄에서 죽음과 직면한 뒤로, 그의 가치관은 완전히 뒤바뀌었습니다. 그러나 친구들은 죽음을 앞두고 어떻게 살아야 할 것인가라는 문제에 관해 전혀 관심이 없었고, 깊이 있는 대화를 나누고 싶어 하지도 않았습니다.

사고로 가족을 잃은 한 청년도 비슷한 체험을 이야기했습니다. 친구들이 자신과 어색한 이야기를 하고 싶지 않아 피한다는 것이었습니다. 그래서 그 역시 모임에서 가벼운 대화 분위기를 망칠까 봐 죽은 가족에 관한 이야기를 꺼낼 수 없었다고 합니다. 삶과 죽음이라는 문제와 마주하지 않으려는 커다란 두려움이 사람들 안에 숨어 있음을 알았기 때문입니다.

'피상'의 반대말은 '본질'입니다. 오늘날 많은 이들이 겉도는 대화에 싫증을 느낀 나머지 '본질'을 갈망하기도 합니다. 그들은 자신의 내면을 들여다볼 때 자신 안에 유쾌한 감정뿐 아니라 두려움, 고통, 슬픔, 우울 같은 감정도 존재한다는 것을 깨닫습니다. 하지만 사람들은 부정적인 감정을 피하고 쳐다보지 않으려 합니다. 그로 인해 늘 피상에만 머물고, 결국 인생의 무상함만 느끼게 됩니다.

인생은 신비이고, 모든 사람도 신비입니다. 저는 인생에 관해 조언을 해 주는 여러 책이 이 점을 간과하고 있다는 사실에 화가 나기도 합니다. 그런 책들은 자신의 삶을 통제하고, 성공적인 인생을 살 수 있는 방법만 제시합니다. 그런 조언은 피상에만 머물고, 인간의 본질과 개개인이 지닌 신비를 간과하고 있습니다. 저는 모든 걱정과 문제를 어떻게 신속하게 해결하여 행복에 이를 수 있는지에 관해 값싼 조언을 하기보다 각자가 스스로의 경험과 감정을 모두 인정하고 바라보도록 돕는 것이 더 중요하다고 생각합니다.

저는 제 안의 두려움, 시기, 질투, 무절제, 슬픔을 들여다봅니다. 그리고 그 모든 감정을 두루 지나 제 영혼의 밑바닥에 이릅니다. 그곳에서 저는 마음의 평정을 얻고, 하느님께서 지어 주신 단 하나뿐인 저의 본모습을 온전히 되찾습니다. 이런 제 본모습을 설명하기란 어려우며, 여전히 신비로 남아 있습니다. 저는 저의 참자아가 지닌 신비를 접합니다. 그리고 영혼의 밑바닥에 제가 '하느님'이라 부르는 신비가 살고 있음을 직감적으로 깨닫습니다. 다른 사람들은 그 신비를 다른 말로 표현할 수 있겠지요. 결정적인 것은 제 안에 있는 모든 것을 설명하거나 표현하지 못한다는 사실입니다. 저는 마음 깊은 곳에서 제 안에 있는 신비와 만나며, 그 신비에 주의를 기울입니다. 제 마음속 안에 있는 신비가 거처하는 곳이 진정한 나의 모습과 만날 수 있는 본향이 됩니다. 그곳에서 나 자신과 함께할 때, 억지로 잘 지내보려고 힘들게 노력할 필요가 없습니다.

또한 저는 그곳에서 나 자신과 하나 되어 평온한 마음을 갖게 됩니다. 본향에서 제 자신과 함께할 때, 비로소 평온한 마음을 갖게 됩니다. 그럴 때 저의 본모습을 깨닫기 때문에 과한 행동을 하지 않게 됩니다. 본모습을 깨달으면 나의 분수도 알게 되므로, 다른 사람들과 비교하거나, 내적인 공허감을 돈, 재산, 존경, 인정, 성공, 명예 같은 외적인 것들로 채우려는 노력도 멈추게 됩니다. 그럴 때 우리는 평화 속에 있으며, 평화를 통해 자신의 분수를 지키게 됩니다.

모든 일에 온 마음을 다하기

'신비'와 마찬가지로 '헌신'이라는 말도 현대인들에게 그다지 신선한 느낌을 주지 못합니다. 그러나 저는 그런 말들이 현대인을 위한 지혜를 담고 있다고 생각합니다. 현대인은 헌신하는 능력이 부족하기에 자신의 일이나 문제에도 몰두하지 못합니다.

교사들은 학생들이 수업에 집중하지 못한다고 토로합니다. 학생들은 습관처럼 텔레비전 채널을 이리저리 돌리고, 스마트폰으로 인터넷 사이트를 이곳저곳 기웃거리며, 신문 기사도 대충 읽습니다. 그들의 행동에는 뚜렷한 목표가 없습니다. 한 가지 일을 오래 하는 것에 싫증을 느끼며, 오래 집중하지 못하지요. 이들이

한 가지 일에 집중하지 못하는 이유는 무엇일까요? 저는 헌신이라는 능력이 부족하기 때문이라고 생각합니다. 우리는 어려움을 털어놓는 사람의 이야기를 건성으로 듣거나 눈앞의 일을 건성으로 행할 뿐, 관심을 기울이지 않는 경우가 많습니다. 학생들도 헌신하는 능력이 부족하기 때문에 수업 내용에 관심을 기울이지 않고, 오로지 성적이라는 결과에만 관심을 보일 뿐입니다.

'헌신'은 언제나 '열정'과 관련이 있습니다. 어떤 일에 열정을 느낀다면 그 일에 전념하게 됩니다. 그럴 때 우리는 그 일에 대해 알아보고, 그 일을 계획하고 수행하는 것에 재미를 느낍니다. 그렇지만 수업에 집중하거나 전념하지 못하는 학생들은 활기도 없고 금세 피곤과 싫증을 느낍니다. 열정이 생기지 않았기 때문입니다. 교사들은 이런 학생들을 위해 흥미로운 시청각 자료들을 많이 준비해 관심을 끌어 보려고 합니다. 이를 위해 교사들은 비싼 대가를 치르기 일쑤입니다. 자료를 준비하느라 지나치게 애쓴 나머지 얼마 지나지 않아 기력이 모두 소진되었음을 느끼게 되는 것입니다. 그러므로 교사들이 학생들의 관심을 끌려고 노력하기보다 학생들에게 헌신하는 능력을 키워 줘서 열정을 갖게 하는 것이 보다 근본적인 해결책이라 할 수 있습니다.

'헌신'은 '내려놓음'이나 '몰입'과도 관련이 있습니다. 자신의 자아를 내려놓지 않으면, 어떤 사람이나 사물에 몰입할 수 없습니다. 자아는 늘 욕구로 가득 차 있고, 다른 것보다 자기를 우선시하기 때문입니다. 자아를 쫓게 되면 당장 흥미를 끄는 일만 하게 됩니다. 그러다 흥미를 잃으면 곧바로 새로운 흥밋거리를 찾게 되지요. 한 가지 일에 머물지 못함은 결국 그 순간에 온전히 머물지 못함을 의미합니다. 마음이 어지러워 어떤 일에도 몰두할 수 없는 상태가 되는 것입니다. 이렇게 되는 까닭은 자신의 욕구가 그 일보다 앞서기 때문입니다. 그럴 때 우리는 그 일이 재미있는지 자신에게 묻습니다. 하지만 본래 재미있기만 한 일은 없습니다. 어떤 일이 재미있는지 여부는 그 일 자체가 아니라 나의 생각에 달려 있습니다. 그렇지만 사람들은 재미가 외부에서 주어진다고 생각합니다. 따라서 한 가지 일에 머물지 못하는 이는 중심을 잃은 사람이라 할 수 있습니다. 마음이라는 집을 지키지 못하는 것입니다. 이런 경우에 어떤 일도 제대로 할 수 없습니다.

어떤 사람에게 헌신하거나 일에 몰두하지 못하는 태도 이면에는 손해를 보지 않을까 하는 염려가 숨어 있습니다. 당장 더 재미있는 일이 생겨, 지금 하는 일에 몰두한 시간이 낭비처럼 여겨질

지도 모른다는 것이지요. 그러나 손해 보지 않을까 걱정만 한다면, 우리는 어떤 일도 시작하지 못하고 세월만 보내게 됩니다. 어떤 일에도 몰입하지 못하고 어떤 일에도 만족하지 못하게 됩니다. 그렇게 되면 자신을 납득시키기 위해 핑계를 대고 자기 자신에게서 항상 도망치고 맙니다. 어떤 일이 내게 어떤 이득을 가져올지 따지기보다, 내가 어떤 사람이나 일, 프로젝트를 위한 축복이 될 수 있다고 믿고 이에 몰입할 때 본모습을 찾게 됩니다. 자신의 욕구에서 해방되어 그 일에 필요한 것을 채워 주려 노력할 때, 중심을 찾을 수 있습니다.

다른 사람과 비교 멈추기

많은 사람이 자기 자신을 남들과 끊임없이 비교합니다. 그들은 자신의 직업과 수입을 이웃이나 친구들과 비교합니다. 모임에 갔을 때에도 자신이 남들보다 더 예뻐 보이는지, 더 자신감이 있는지, 더 출세했는지, 영성이나 지식 면에서 더 뛰어난지 비교합니다. 그런 사람들은 다른 사람과의 비교를 통해서만 자신을 평가합니다. 그래서 자기 모습과 자신이 가진 것에 결코 만족하거나 감사하지 않습니다. 그들은 자기가 입은 옷을 남들과 비교하며, 남들이 어떤 브랜드의 제품을 사용하는지 유심히 봅니다. 다른 사람이 새로 나온 전자 제품을 갖고 있으면 뒤처지지 않으려고 그것을 가져야 한다고 생각합니다. 하지만 그러한 비교는 스스로를 자유롭지 못하게 만듭니다. 자기 물건에 만족하지 못하고, 끊임없이 남의 물건에 욕심내도록 만들지요. 이때 살 능력이 되는지 되지 않는지는 중요하지 않습니다.

베네딕토 성인은 남들에 대한 곁눈질이 수도 공동체에도 적지 않다는 것을 알았습니다. 수도자들도 동료 수도자와 자신을 비교할 때가 많은 것입니다. 수도자들은 수도원장이 모든 수도자를 똑같이 대하는지, 아니면 누군가를 편애하는지 눈여겨봅니다. 이는 회사에서도 마찬가지입니다. 직원들은 사장이 각 직원을 어떻게 대하는지 주의 깊게 지켜봅니다. 사장과 면담한 시간을 다른 직원들과 비교해 보고 자신이 무시당했다고 생각하는 직원도 있습니다. 이는 집에서도 마찬가지입니다. 부모가 자신보다 다른 형제나 자매에게 얼마큼 관심을 보이는지, 다른 형제나 자매를 더 좋아하는지, 그들에게만 특별한 선물을 하는지 살핍니다. 케이크를 나눌 때에도 누가 더 큰 조각을 받는지 지켜보지요.

베네딕토 성인은 자신을 남과 비교하는 인간의 성향에 대해 다음과 같이 말했습니다.

> ○ 여러분은, "모두가 저마다 필요한 만큼 나눠 받았다."(사도 2,45 참조)라는 성경 말씀대로 살아야 합니다. 제 말은 더 많은 걸 받은 것처럼 보이는 사람이 특별대우를 받았다는 뜻이 아닙니다. 그런 해석은 본뜻과 동떨어진 것입니다. 그보다는 여러분이 자신의 약함에 눈길을 줘야 한다는 뜻입니다. 이미 많이 받은 사람은 자신이 자비를 많이 받았다고 우쭐거릴 것이 아니라 그렇게 주신 하느님께 감사드려야 합니다. 적게 받은 사람은 자신에게 필요한 것이 적기에 적게 받은 거라는 사실을 깨닫고 겸손해야 합니다. 그렇게 할 때 공동체의 구성원 모두가 평화를 누리게 됩니다.(《수도 규칙서》 34,1-5)

수도자는 공동체 각 구성원의 욕구와 약함에 주의를 기울여야 합니다. 약한 사람에게는 더 많은 관심이 필요합니다. 때로는 돈과 음식, 옷도 더 많이 필요하지요. 강한 사람은 그 사실에 화내거나 약한 사람과 똑같이 받겠다고 나서서는 안 됩니다. 가진 것에 만족하고, 남들만큼 많은 것이 필요하지 않다는 사실에 기뻐

해야 합니다. 그렇게 하는 가운데 강한 사람의 면모가 잘 드러납니다. 강한 사람은 약한 사람보다 우월하고 훌륭하며 영적으로 더 성숙하다고 우쭐거리면 안 됩니다. 또한 슬퍼해서도 안 됩니다. 그러기보다 하느님께 감사를 드려야 합니다. 마찬가지로 약한 사람도 자신이 더 많은 관심을 받는다고 해서 다른 사람을 얕보거나 놀려서는 안 됩니다. 수도자는 각자 자신의 본모습과 분수를 깨닫고, 그것을 받아들여야 합니다.

공동체에 평화가 깃들려면 수도자 스스로가 욕구를 잘 다스려야 합니다. 그러기 위해서는 욕구에 얽매이지 않는 마음이 필요합니다. 수도자는 먼저 자신의 욕구를 인정하는 겸손함을 지녀야 합니다. 또한 수도자는 자신의 모든 욕구가 충족되기를 바라는 마음을 포기할 줄 알아야 합니다. 베네딕토 성인은 욕구를 포기하는 모습에서 인간의 강한 면모가 드러난다고 했습니다. 욕구를 포기할 수 있으려면 먼저 자신을 다른 사람과 비교하는 일부터 포기해야 합니다. 오스트리아의 정신과 의사이자 정신 분석학의 창시자인 지그문트 프로이트(Sigmund Freud, 1856~1939년)는 결코 포기할 줄 모르는 사람에게는 강한 자아가 형성될 수 없다고 했습니다. 그러므로 수도원 공동체와 수도자 각자에게 평화가 깃들려면, 각자가 자신의 욕구를 인정하고, 욕구를 충족하는 일을 자신에게 허락해야 합니다. 그리고 욕구를 충족하는 것을 포기하려는 노력도 기울여야 합니다. 이렇게 욕구의 '포기'와 '향유'는 짝을 이룹니다. 포기할 줄 모르는 사람은 즐기지도 못합니다. 먼저 포기할 줄 아는 사람만이 나중에 즐길 수 있습니다. 교회는 이 지혜를 이미 알고 있었습니다. 그래서 '주님 탄생 대축일'이나 '주님 부활 대축일'과 같은 대축일 이전에 '대림 시기'와 '사순 시기'라는 '기다림과 포기의 시간'을 제정해 놓았습니다. 현대인들은 기다리는 일을 어려워하기에, '대림 시기'라는 '기다림의 시간'에 주님 성탄 대축일의 기쁨을 미리 맛보고자 합니다. 그 결과 여러 행사가 미리 열리는 바람에 정작 주님 성탄 대축일에는 축제의 기쁨을 제대로 느낄 수 없게 되었지요. 이는 '사순 시기'에도 마찬가지입니다.

현대 사회에서 비교는 일상화되어 있는 듯합니다. 신문만 봐도 자신을 다른 사람과 비교하는 내용의 기사를 여럿 찾을 수 있습니다. 그 가운데 가장 유의해서 봐야 할 기사는 자신이 차별 대우받는다고 느낄 때, 스스로를 '희생자'라고 여기는 이들에 관한 것입니다. 파스칼 브뤼크네르는 자신을 언제 어디서나 희생자로 여기고, 법적 수단을 동원하여 자신의 권리를 강력히 요구하는 '피해자학Victimology'에 관해 이야기합니다. 그는 미국의 경제학자인 존 테일러(John B. Taylor, 1946년~)의 말을 인용했지요.

> ○ 사람들은 그저 특정한 권리를 갖고 있음을 주장하고, 그 권리를 빼앗겼다는 것을 증명하면 됩니다. 그리고 곧 스스로를 '희생자'라고 생각합니다.

오늘날 나의 삶에 대한 어떠한 책임도 지지 않으면서 자신의 생활 수준을 남들과 비교하여 차별 대우를 받고 있다고 여기는 사람이 많습니다. 그들은 자신을 '희생자'라고 부르며, 국가에 정의를 요구합니다. 그러나 대학 교수보다 소득이 적다고 해서 누구나 부당한 교육 정책의 희생자일 수 없습니다. 대형 텔레비전, 양문형 냉장고, 고급 자동차 같은 것을 누리지 못했다고 부당한 경제 정책의 희생자일 수 없습니다. 이런 사람들이 억지를 부리는 까닭은 자신을 남과 비교해 보기 때문입니다. 어느 순간 억지라도 부리지 않으면 스스로에 대한 불만이 자신을 삼켜 버릴 수도 있겠다는 느낌을 받게 되는 것입니다.

남들과 비교하면 내가 무엇이 모자라서 그렇게 살지 못하는지 고민하게 됩니다. 그렇게 하다 보면 질투와 불만만 쌓이지요. 그럴 때일수록 정신을 차리고, 나의 존재와 소유하고 있는 것들을 감사히 받아들여야 합니다. 그렇게 했을 때 마음의 평화를 얻을 수 있으며, 무절제한 모습을 보이지 않게 됩니다.

나 자신을 풍요롭게 가꾸기

독일의 정평 있는 주간지인 〈디 차이트 Die Zeit〉의 가장 뒷면에는 '내 삶을 풍요롭게 만든 것'이라는 독자 투고란이 있습니다. 이 꼭지에는 독자에게 커다란 의미로 다가왔던 일상의 일이나 마음속에 간직한 추억에 관한 이야기가 실립니다. 마음속에 간직한 추억거리는 우리 삶을 풍요롭게 하는 보물이라 할 수 있지요.

한 신문이 젊은이들을 대상으로 '무엇이 거룩하다고 생각하는가?'라는 설문 조사를 한 적이 있습니다. 조사 결과는 '무엇이 자신을 풍요롭게 만드는가?'라는 설문 조사의 응답과 거의 비슷했습니다. 이를 통해 '자신이 거룩하게 생각하는 것'이 곧 '자신을 풍요롭게 만드는 것'이라 할 수 있습니다. '풍요하다'란 의미를 지닌 독일어 형용사 '라이히 reich'는 본래 '왕' 또는 '지배자'를 뜻하는 명사에서 왔습니다. 따라서 독일어에서 '풍요한'이라는 형용사는 '군주다운, 왕다운, 귀족 가문의'라는 뜻에서 파생된 것입니다. 따라서 '풍요하다'라는 말은 '재산이 많음'을 가리키는 말이 아니라, '왕의 신분'과 같이 '특별하고 고귀한 것'을 뜻하는 말입니다.

'거룩한 것'도 '풍요한 것'과 다르지 않습니다. '거룩한 것'은 인간이 아닌 하느님에게서 온 것을 말합니다. 또한 침해할 수 없는 가치를 지녔으므로, 돈으로 살 수 없는 매우 고귀한 것이라 할 수 있습니다. '거룩한 것'은 그 어원이 지닌 의미에서 알 수 있듯이 세속적인 것과 구별됩니다. 우리가 개인적으로 성스럽게 여기는 것을 뜻하지요. 이는 어느 누구도 빼앗아 갈 수 없는 가치를 각자의 삶 안으로 가져오는 것이기에, 외형적 가치로 평가할 수 없습니다. '거룩한 것'은 언제나 그 속에 특별한 힘을 지니고 있으니까요. 그래서 우리는 '거룩한 것'을 늘 경외하는 마음으로 조심스레 다루고, 간직하려 합니다.

인간은 본질적으로 소유욕을 지녔으며, 이에 사로잡히기도 합니다. 소유욕에 사로잡힌 사람은 부유함만 추구합니다. 소유욕 이면에 숨어 있는 욕구는 평온하게 살고자 하는 갈망이라 할 수 있습니다. 미래를 보장할 정도로 재산이 넉넉해지면 걱정도 사라질 것 같다고 생각하지요. 그러나 재산이 많아짐에 따라 오히려 걱정이 느는 경우가 더 많습니다. 자신을 부러워하는 사람들에게서 재산을 숨기고 지키려 하기 때문입니다.

인간은 부富를 쌓아 자신의 공허감을 메우려는 유혹에 늘 시달립니다. 그러나 이런 노력은 밑 빠진 독에 물 붓기와도 같아, 언제나 가진 것이 부족하다고 느끼게 만듭니다. 많은 돈을 모아도 내적인 공허감은 결코 사라지지 않습니다. 돈으로 인해 자신의 마음과 영혼에서 멀어지게 되기 때문입니다.

돈을 아주 많이 버는 남편을 둔 한 여성이 있었습니다. 이 여성은 자기 남편이 오로지 돈과 권력에 대한 이야기만 하기 때문에, 더 이상 제대로 된 대화를 나눌 수 없다고 했습니다. 남편은 돈 생각만으로 가득 차 있어서, 자신이 파고들 틈이 없다는 것이지요.

예수님께서도 부를 쌓으려는 노력 이면에 숨어 있는 갈망에 대해 말씀하시며, 마음의 부를 쌓으라고 하셨습니다.

> o   너희는 자신을 위하여 보물을 땅에 쌓아 두지 마라. 땅에서는 좀과 녹이 망가뜨리고 도둑들이 뚫고 들어와 훔쳐 간

다. 그러므로 하늘에 보물을 쌓아라. 거기에서는 좀도 녹도 망가뜨리지 못하고, 도둑들이 뚫고 들어오지도 못하며 훔쳐 가지도 못한다. 사실 너의 보물이 있는 곳에 너의 마음도 있다.(마태 6,19-21)

이 세상에서 모은 부는 언젠가 사라질 것입니다. 그것은 외부 상황에 따라 사라지거나, 도둑이나 사기 등으로 인해 빼앗길 수도 있습니다. 그러니 우리는 마음에 부를 쌓아야 합니다. 마음의 부는 곧 영혼의 부라 할 수 있습니다. 영혼이 부유한 사람은 마음속에 영원히 마르지 않는 사랑의 샘이 샘솟고 있습니다. 마음을 풍요롭게 하는 창의력의 샘과 우리를 행복하게 하는 기쁨과 평화의 샘도 마음속에서 함께 샘솟습니다.

예수님께서는 두 가지 짧은 비유를 통해 참된 부를 쌓으라고 말씀하십니다. 그것은 밭에서 보물을 발견한 사람의 비유와 아주 값비싼 진주를 발견한 사람의 비유(마태 13,44-46 참조)입니다. 이 비유에서 밭에서 보물을 발견한 사람은 자신의 전 재산을 팔아 그 밭을 삽니다. 또한 아주 값비싼 진주를 발견한 상인은 전 재산을 팔아 그 진주를 삽니다. 이처럼 참된 보물은 우리 영혼이라는 밭에 묻혀 있습니다. 그래서 우리가 영혼이라는 밭을 모두 갈아 엎을 때에만, 그 안에 묻혀 있는 보물을 발견할 수 있습니다. 아울러 우리는 자신이 지닌 세속적 한계를 인식해야 합니다. 이는 곧 자신이 흙에서 왔음을 기억하는 '겸손'을 말합니다. 이러한 겸손한 마음으로 추하고 어두운 면을 들여다볼 때 비로소 영혼 속에 묻힌 보물을 발견할 수 있습니다. 진주는 조개의 상처에서 자랍니다. 자신의 상처를 들여다볼 때, 자신 안에 있는 값비싼 진주를 발견하게 됩니다. 상처는 닫혔던 마음을 열어 줍니다. 상처로 인해 마음속을 들여다보고, 내 영혼의 밑바닥에 있는 값비싼 진주를 발견하게 됩니다.

우리는 누구나 장점과 결점, 건강과 상처, 아름다움과 추함이라는 상반된 면모를 모두 갖고 있습니다. 이것이 바로 '인간다움'이라고 할 수 있습니다. 우리는 그 상반된 면모를 모두 받아들여야 합니다. 그렇게 했을 때 아무도 빼앗아 갈 수 없는 마음의 풍요로움을 자신 안에서 발견하게 됩니다. 마음의 풍요로움은 하느님께서 우리 각자에게 심어 주셨으며, 누구도 침해할 수 없는 인간의 존엄성에 속합니다. 이는 또한 인생 여정을 통해 자라는 것이기도 합니다. 기쁨과 고통, 성공과 실패라는 온갖 경험과 체험을 지닌 인생은 영혼을 더욱 풍요롭게 만듭니다. 우리는 경험과 체험이라는 보물을 마음속에 간직합니다. 그 보물은 빼앗기지 않을까 걱정할 필요가 없습니다. 죽음도 그 보물을 앗아 갈 수 없으며, 영원히 보존될 것입니다.

소유와 부에 대한 갈망은 마음의 평온과 평화를 얻고자 하는 갈망이며, 걱정 없이 살고자 하는 갈망이라 할 수 있습니다. 그러나 외적인 부유함으로는 평온을 얻으려는 갈망을 채울 수 없습니다. 외적인 부유함이 내적인 평온함까지 주지는 못하니까요. 대신에 나의 부족한 모습까지 포용하고, 기꺼이 이를 받아들이고 내 안에 머물 수 있을 때 마음의 평온을 찾게 될 것입니다. 그리고 우리가 기꺼이 자신 곁에 머물고 쉴 수 있으려면, 감동과 평온함을 주는 소중하고 거룩한 것이 우리 안에 있어야 합니다.

우리는 자신의 약한 모습과 마주하면 그 모습을 참지 못하고 눈길을 돌립니다. 그러나 우리 안에 마음의 풍요함, 곧 고귀한 것이 있을 때에 자신 곁에 기꺼이 머물 수 있습니다. 세속과 구별되는 거룩함이 내 안에 있어야만 마음의 평온을 얻을 수 있는 것입니다. 세속적인 걱정은 그 거룩함을 훼손하지 못합니다. 그래서 우리 안에 있는 거룩한 공간에서 건강을 온전히 되찾고 자신과 하나 되어야 합니다. 그러면 그 거룩한 공간에서 하느님께서 누리셨던 안식일의 휴식을 맛보게 되지요. 성경의 창조 이야기는 이에 관해 다음과 같이 말합니다.

> ○ 하느님께서는 하시던 일을 이렛날에 다 이루셨다. 그분께서는 하시던 일을 모두 마치시고 이렛날에 쉬셨다. 하느님께서 이렛날에 복을 내리시고 그날을 거룩하게 하셨다. 하느님께서 창조하여 만드시던 일을 모두 마치시고 그날에 쉬셨기 때문이다.(창세 2,2-3)

남의 눈을 의식하지 않기

우리는 마음이 평온한 사람을 부러워합니다. 그래서 나 역시도 인생의 굴곡을 잘 넘기길 바라며, 다른 사람의 반응에 노심초사하지 않을 수 있는 평온함을 갖길 바랍니다. 또한 다른 사람의 시선에서 자유롭기를 바랍니다. 다른 사람이 내게 거는 기대 때문에 원하지도 않는 길을 걷는 것은 피하려 합니다. 그런 갈망에도 불구하고 많은 사람이 평온함을 찾지 못합니다. 어렸을 때 "그런 옷을 입으면 사람들이 뭐라고 하겠니?"라든지, "그런 짓을 하면 사람들이 흉봐."라는 말을 많이 들었지요. 그래서 지금도 자신이 무엇을 원하는지 생각하기보다 남들이 자신을 어떻게 생각할지부터 신경 쓰는 이들이 있습니다. 이러한 불안을 떨치지 못하는 한 젊은 엄마가 있었습니다. 그 여성은 상점에 가는 것조차 두려워했습니다. 점원이 자신과 자신의 아이들을 어떻게 생각할지, 길에서 마주친 사람들이 어떤 꼬투리로 자신을 흉보지나 않을지 걱정했기 때문입니다. 자신과 아이들에 대해 남들이 어떻게 생각할지 늘 신경을 썼기 때문에 그는 불안을 떨치지 못했습니다.

휴식을 부담스러워하는 사람들도 있습니다. 저는 농촌에서 자란 사람들을 몇 명 알고 있습니다. 그들은 어렸을 때 잠시만 쉬려고 하면 엄마가 와서 "할 일이 얼마나 많은데, 왜 빈둥거리고 있니? 저기 가서 일 좀 도와!" 하고 말했다고 합니다. 농가에서는 쉴 수 있는 순간이 없었던 것입니다. 하루 일과를 무사히 마치려면, 가족 모두가 함께 거들고 도와야 했습니다. 그래서 그들은 어른이 된 지금도 휴식을 꺼림칙해합니다. '밝은 대낮에 산책이나 다니면, 남들이 빈둥거린다고 하지 않을까?'라는 염려가 든다는 것입니다. "한가하신가 보네요."라는 누군가의 말조차 비난처럼 들리기 때문입니다. 그런 비난을 피하려고 그들은 늘 일하고 바삐 움직이며, 처리해야 할 중요한 일이 있는 것처럼 행동합니다.

누구나 평온한 마음을 갖고, 다른 사람들의 시선에서 자유롭기를 갈망합니다. 관건은 '그 갈망을 어떻게 채울 수 있는가?' 하는 것입니다. 제게는 성경 말씀이 도움이 되었습니다. 예수님께서는 우리에게 평온한 마음을 주겠다고 약속하시며, 그 마음을 어떻게 얻을 수 있을지 알려 주십니다.

○ 나는 마음이 온유하고 겸손하니 내 멍에를 메고 나에게 배워라. 그러면 너희가 안식을 얻을 것이다. 정녕 내 멍에는 편하고 내 짐은 가볍다.(마태 11,29-30)

우리는 자신을 짓누르고 불안하게 만드는 멍에를 스스로 지는 경우가 많습니다. 이는 지속적인 압박감으로, 갈수록 많은 일을 수행하고, 모든 일을 완벽하고 신속하게 처리해야 한다고 생각하게 됩니다. 또한 매일 운동을 해야 한다거나 건강을 위해 이것저것 지켜야 한다고 생각하지요. 이처럼 모든 일을 제대로 처리하는 모습을 나 자신과 다른 사람들에게 늘 증명해 보이려 하며, 평온한 마음을 빼앗아 가는 멍에를 다른 사람이 지게 하기도 합니다. 이처럼 스스로에게 더 많은 걸 요구하고, 내가 이룰 수 없다고 생각하는 일을 기대하는 것이지요. 이 때문에 마음의 평온을 찾지 못하지만 어떻게든 그 일을 해내려고 합니다. 하지만 예수님께서 지우시는 멍에는 가볍기에 우리를 짓누르지 않습니다. 그 멍에는 "나는 너를 있는 그대로 받아들인다. 하느님께서 너를 보호하시며, 너는 그분의 은총을 받고 있다. 하느님께서 너를 일으켜 세우시고 내적인 자유로 이끌고자 하신다."라는 말씀과 함께 우리를 치유하고 돕는 그분의 손길입니다.

마음의 평온을 얻으려면, 예수님께 두 가지 태도를 배워야 합니다. 첫 번째 태도는 '온유함'입니다. '온유하다'라는 뜻을 지닌 독일어 형용사 '잔프트sanft'는 '모으다'라는 뜻을 지닌 독일어 동사 '잠멜른sammeln'에서 왔습니다. 이는 자기 안에 있는 모든 것을 모을 때, 온유한 모습을 갖게 됨을 의미합니다. 자기 안에는 성공과 실패, 선행과 잘못, 감정과 이성 등이 모두 들어 있습니다.

어떤 이들은 온유함을 위해 자신 안에 있는 무엇인가를 억누릅니다. 그러나 그러한 태도로는 온유함을 얻지 못합니다. 오히려 그런 태도는 '그건 내 모습이 아니야.', '그런 모습을 보여서는 안 돼.', '남들이 나의 그런 모습을 알아차리면 안 돼.'라고 생각하며 자신을 숨기는 태도와 관련이 있습니다. 그리고 자신의 모습을 숨기려 할수록 더 큰 압박감을 느끼게 될 뿐입니다. 사람들이 자신의 모습을 숨기는 까닭은 다른 사람들이 자기 속을 들여다보는 것이 두렵기 때문입니다. 어떤 사람을 볼 때 그 사람의 내면을 보지 못하고 겉모습만 본 것 같은 느낌을 받는 경우가 간혹 있습니다. 그럴 때는 그 사람과 시간을 보내도 함께했다는 느낌보다 낯설다는 느낌을 받을 뿐입니다. 그래서 그와 참된 만남이 이뤄지지 않았음을 깨닫습니다. 이런 이는 자신 안에 있는 모든 것을 모아들일 용기가 없는, 온유하지 못한 사람입니다. 자신 안에 있는 모든 것과, 인생에서 일어난 모든 일을 모은 사람과 만날 때, 참된 평온함을 얻게 됩니다. 그럴 때 우리는 자신 안에 있는 것을 불안하게 숨길 필요가 없습니다.

예수님께 배워야 할 두 번째 태도는 '겸손'입니다. '겸손'에 관해서는 이미 이야기한 바 있습니다. '겸손'은 '자신의 마음속 깊은 곳을 들여다보는 용기'를 말합니다. 내 마음속에 있는 것은 존재해도 되는 것입니다. 하느님의 빛이 이를 비추고, 그분의 사랑이 담겨 있기 때문이지요. '겸손'은 우리를 '평온한 마음'으로 이끕니다. 자신을 있는 모습 그대로 받아들일 용기를 갖게 하고, 변화해야 한다는 압박감에 더 이상 사로잡히지 않게 합니다. '있는 그대로 나'인 채로 괜찮습니다. 저는 하느님께서 내 안에 있는 것을 재료로 삼아 나의 본성과 맞는 나무를 자라게 하실 것을 믿어 의심치 않습니다. 나무는 가만히 두어야만 자랄 수 있습니다. 나무에 끊임없이 손을 대고 옮겨 심는다면, 열매가 열리지 않습니다. 그래서 나무가 잘자라게 하려면 가만히 놔둬야 합니다.

이처럼 온유하고 겸손한 태도가 우리를 평온한 마음으로 이끕니다. 여기서 말하는 '평온한 마음'은 어느 것에도 불안해하거나 방해받지 않는 태평함이 아니라, 하느님께서 지으신 우리의 본모습을 되찾게 만드는 평온함, 울림이 있는 평온함을 뜻합니다. 마음속에 그런 평온함이 있다면 더 이상 외부의 뜻에 따라 행동하지 않게 되어, 우리를 이곳저곳으로 끊임없이 내모는 감독관에게서 벗어날 수 있습니다. 그 감독관은 "완벽해야 해! 서두르라고! 전력을 다해! 마음에 들게 해 보라고! 힘내!"라고 자신에게 속삭이는 우리 마음속 소리입니다. 우리는 결코 자신에게 만족하지 못하고, 끊임없이 자신을 재촉합니다. 그와는 반대로, 울림이 있는 평온함은 재촉하지 않고도 마음을 움직입니다.

감독관은 외부에도 존재합니다. 이집트 감독관들은 갈수록 더 많은 성과를 내도록 이스라엘 백성을 끊임없이 채근했습니다. 오늘날에는 회사 임원들이 감독관을 자처하곤 합니다. 그들은 한계를 모릅니다. 직원들이 매년 더 많은 성과를 내야 한다고 생각합니다. 그들은 직원들 개개인의 한계를 인정하려 들지 않습니다. 그러나 우리 능력에는 한계가 있기에 업무 능력을 무한정 키울 수 없습니다. 이러한 외부적인 멍에에 휘둘리지 말고 예수님의 멍에를 메야 합니다. 그분의 멍에는 우리를 짓누르지 않으며, 평온함을 선사합니다. 고대 그리스·로마 시대 사람들은 지배자가 백성에게 어떤 멍에를 지우느냐에 따라 성군聖君과 폭군暴君으로 나눴습니다. 성군은 평온함을 주는 멍에를 지우고, 폭군은 끊임없이 재촉하는 멍에를 지운다는 것입니다.

평온함을 지닌 사람은 다른 사람의 재촉에 휘둘리지 않습니다. 자신에게 맞는 속도를 찾아, 그 속도대로 일하지요. 자신에게 맞는 속도로 일하는 사람은 대부분 늘 분주하기만 한 사람들보다 더 큰 성과를 냅니다. 분주하면 추구하는 목표를 잃기 십상이니까요. 바오로 사도는 자신은 목표 없이 이리저리 뛰어다니며 먼지만 크게 일으키는 사람들과 다르다고 말합니다.

○ 그러므로 나는 목표가 없는 것처럼 달리지 않습니다. 허공을 치는 것처럼 권투를 하지 않습니다.(1코린 9,26)

요즘에는 다람쥐 쳇바퀴 돌 듯 달리는 사람이 많습니다. 그들은 앞으로 나아가지 못하고, 늘 그 자리에서 맴돕니다. 이러한 사람들과 거리를 둘 용기를 낼 때에만 자신의 길을 발견하고, 그 길을 달려 목표에 도달할 수 있습니다. 목표가 무엇인지 먼저 조용히 숙고하지 않고, 다른 사람들과 함께 무작정 달려서는 안 됩니다. 평온한 마음으로 자신의 길과 목표에 관해 차분히 생각한 뒤에야, 비로소 우리는 더 효율적으로 달릴 수 있습니다.

거절할 줄 아는 용기 내기

사람들 가운데는 관계가 끊어질까 두려워 다른 사람의 부탁을 거절하지 못하는 사람이 많습니다. 그들은 다른 사람과의 유대감을 중요시하기 때문에 아무리 어리석은 일일지라도 그 사람들과 행동을 같이합니다. 그들은 홀로 있는 것과 자기 자신을 책임지는 것을 두려워합니다. 그러나 다른 사람의 부탁을 거절하지 못하면, 자신에게 적당한 한도 또한 찾을 수 없습니다. 다른 사람이 나를 외면할까봐 두려워 그 사람의 부탁을 번번이 들어준다면, 갈수록 더 큰 짐을 지게 됩니다. 그러다가 언젠가는 자신의 역량을 넘어서는 짐을 지게 되지요.

'거절'은 자신의 한계를 고백하는 용기를 뜻합니다. 나의 역량을 알지 못하는 사람은 결국 다른 사람들에게 더 큰 짐을 지우게 됩니다. 직장 일이나 봉사 활동을 할 때에도 스스로의 역량을 알고 거절할 줄 알아야 합니다. 나의 역량이 무엇인지도 모른 채, 다른 사람의 부탁을 무조건 들어주기만 한다면 어느 순간 자신의 신세가 고달프다는 생각이 들 수도 있고, 또 착취당하고 있다는 생각까지 들 수 있습니다. 이렇게 되면 마음속에는 원망이 자라납니다. 원망은 우리 힘을 마비시켜 인생의 활기를 잃게 합니다. 과도한 짐은 이렇게 좋지 않은 결과를 불러옵니다.

거절은 나 자신뿐만 아니라, 나에게 부탁하는 사람을 위하는 일이기도 합니다. 어떤 사람들은 한계를 모르고 남에게 지나친 부탁을 합니다. 그런 이들에게는 나 자신의 한계를 분명히 알려줘야 합니다. 그러지 않으면 그들은 나에게 점점 더 많은 것을 요구할 것입니다. 또한 자신이 한도를 넘어선 부탁을 하고 있다는 것을 전혀 의식하지 못합니다. 이럴 때 거절은 관계에 명확함을 가져옵니다. 다른 사람의 부탁을 거절하는 것은 곧 그를 거절하는 것입니다. 나의 한계를 받아들여 달라고 요구하는 것이기 때문이지요. 물론 나의 한계를 존중하지 않는 사람들도 있습니다. 부탁을 거절했음에도, 나에게 양심의 가책을 불러일으키거나, 부탁을 들어줘야 할 이유를 들어 설득하려고 합니다. 그런 경우야말로 더 명확히 거절해야 하는 때입니다.

구름 위가 아닌 현실에 발을 디디기

독일어에는 "양탄자 위에 머물러 있어라."라는 관용구가 있습니다. 그 말은 두 가지 의미를 지녔습니다. 첫 번째 의미는 '작은 일을 크게 부풀려 말하지 말고, 상황을 있는 그대로 정확히 판단하라.'는 것입니다. '양탄자 위에 머무는 것'은 '두 발로 땅을 딛고 서 있음'을 뜻합니다. 그것은 곧 현실과 떨어지지 않음을 의미합니다. 이렇게 했을 때 우리는 상황을 정확히 판단할 수 있습니다.

이 말의 두 번째 의미는 '자만하지 말라.'는 것입니다. 어떤 일을 성공적으로 수행하고는 자신이 특별한 존재이며, 그 분야에서 세계 최고라고 생각하기도 합니다. 그럴 때 사람들은 "양탄자 위에 머물러 있어라."라고 조언합니다. 자만하지 말라는 이야기입니다. 성공을 거둔 것은 좋은 일이지만, 나 못지않게 잘하는 사람도 수두룩합니다. 그러기에 자신을 드높이지 말고, 감사하는 마음을 지녀야 합니다. 교만해지면 두 발로 땅을 디디려 하지 않고, 점점 더 하늘 높이 올라가게 됩니다. 그러다 언젠가는 처참히 떨어지게 마련입니다.

고대 그리스인들은 '이카루스 신화'에서 인간의 그런 성향에 관해 말했습니다. 이카루스는 유명한 건축가인 다이달루스의 아들입니다. 다이달루스는 크레타섬의 왕에게 고용되어 많은 보수를 받고 미궁을 지었지만, 미궁의 비밀을 지키기 위해 왕궁을 떠나지 못하는 상황에 놓였습니다. 그래서 깃털과 밀랍으로 날개를 만들어 자기 몸과 아들 이카루스의 몸에 두르고는, 왕궁 성벽에서 몸을 던져 공중으로 날아 도망쳤습니다. 다이달루스는 이카루스에게 깃털을 붙인 밀랍이 녹을 수 있으니 해에 가까이 가서는 안 된다고 주의를 줬습니다. 그러나 이카루스는 아버지의 말을 귀담아듣지 않고 신이 난 나머지 점점 더 높이 날았습니다. 결국 아버지의 말대로 날개의 밀랍이 녹아 버렸고, 이카루스는 바다에 떨어졌습니다.

많은 사람이 이카루스처럼 자신의 한계를 모르고 성공만 바라보며 높이 오르다 떨어집니다. 어떤 이들은 자신의 역량에 만족하지 못하고 여러 가지 방법을 무리하게 시도합니다. 그들은 모두 양탄자 위에 머물지 못하는 것입니다.

그런 모습은 영성 생활에서도 볼 수 있습니다. 우리는 가끔 영성적으로 높은 이상만 추구하며, 자신이 그런 이상에 거의 도달했다고 생각하는 이상주의자들과 만납니다. 평범함과 진부함을 외면하고, 멋진 영성적 이상 속으로 도피하려는 이들이지요. 그런 이들은 자신이 순수한 영적 존재이며, 이미 신적 존재와 하나가 되었다고 생각합니다. 그런 까닭에 자신을 우월하게 여기고, 평범한 사람들과의 관계를 중요하게 여기지 않습니다. 그러나 그들은 언젠가는 이것이 환상이라는 것을 깨닫게 됩니다. 스스로에게도 만남과 관계, 따뜻함과 부드러움에 대한 인간적 욕구가 있음을 깨닫는 거지요. 이렇게 환상에서 벗어나게 되면 그들은 높은 계단에서 끊임없이 굴러 떨어지는 것 같은 아픔을 느끼게 됩니다.

완벽함을 추구하지 않기

우리는 흔히 완벽해야 한다는 강박 관념에 시달립니다. 모든 일을 완벽히 해내고, 결점이 없는 사람이 되기를 바랍니다. '완벽하다'라는 뜻을 지닌 독일어 형용사 '페르펙트perfekt'는 '(어떤 일을) 끝내다, (무엇을) 완성하다'라는 뜻을 지닌 라틴어 동사 '페르피체레perficere'에서 왔습니다. 우리는 '완벽하다'는 말을 '흠 없이 완전하다'는 뜻으로 사용합니다. 그런데 이를 어원과 관련해서 생각해 보면 더 이상 발전할 것이 없으며, 그 안에 있는 모든 것이 흠이 없다는 뜻입니다. 그러나 이렇게 완벽함을 추구하는 것은 자신의 분수를 뛰어넘는 행위입니다. 우리는 아직 목적지에 도달하지 못한 완성되지 못한 인간이므로 마음속에 있는 것은 언제든 발전할 수 있습니다.

완벽을 추구하는 태도는 대부분 어떤 대가를 치르더라도 남들의 비난을 살 만한 실수를 저지르지 않겠다는 생각과 관련이 있습니다. 여기에는 '다른 사람들이 나를 거절하거나 자신을 무능하다고 여기지 않을까' 하는 두려움이 깔려 있습니다. 상담을 하다 보면, "저는 어렸을 때 부족함을 많이 느꼈어요."라는 고백을 심심치 않게 듣습니다. 그들에게는 불편한 기억이지요. 그래서 나 자신이 부족하다는 느낌을 떨치려고 완벽을 추구하며, 남들에게 자기 약점을 보이려 하지 않습니다. 그러나 우리는 실수를 반복하며 살기 마련입니다. 완벽주의자는 자신에 대한 요구를 만족시키지 못할까 봐 늘 두려워합니다. 쓸모없는 존재가 될까 봐 걱정하는 것입니다. 근본적으로 그는 자신이 쓸모없다고 느끼기 때문에, 자기 자신과 다른 사람들에게 자신이 훌륭하고 가치 있다는 점을 증명하기 위해 애를 씁니다. 그래서 겉으로 드러나는 모든 일을 완벽하게 수행하려고 하는 것이지요. 그러나 완벽주의자는 결코 만족감을 느낄 수 없습니다. 완벽하려는 노력을 통해서는 얻고자 하는 자존감을 결코 채울 수 없으니까요. 또한 그토록 갈망하는 다른 사람들의 존경도 결코 얻을 수 없습니다.

완벽주의는 여러 사람에게 다양한 모습으로 나타납니다. 연예인들은 흠 없는 외모를 가지려 하고, 운동선수들은 완벽한 경기력을 보이려 합니다. 완벽주의자인 운동선수는 자신의 경기력이 완벽하지 못하다는 것을 알기 때문에 아예 경기를 포기하거나 도를 넘는 훈련을 합니다.

완벽주의의 또 다른 모습은 감정과 관련이 있습니다. 완벽주의자는 자신의 감정을 통제하지 못하기 때문에 늘 불만을 느낍니다. 늘 여유 있고 친절하며 다정한 모습을 보이려 하지만 실제로 그런 사람이 아니지요. 그럼에도 이런 모습을 억지로 보이려

하기 때문에 오히려 이와 반대되는 모습을 보이게 됩니다. 친절하고 너그러운 모습 대신 엄격하고 공격적인 모습을 보이게 되는 것입니다. 그것은 친절한 얼굴 뒤에 숨겨진 수동적인 공격성이라 할 수 있습니다. 완벽주의자는 실수를 지적받을 때 감정을 통제하지 못하고 격한 반응을 보이며 완벽하지 못한 모습을 있는 그대로 드러냅니다.

완벽주의의 또 다른 모습은 남이 틀린 말을 할 때 지나치지 못하는 데서도 볼 수 있습니다. 틀린 말을 즉시 바로잡고, 무엇이 맞고 무엇이 틀린지 끝없이 토론을 해야 직성이 풀립니다. 가령 연주회에서 가수나 연주자가 음을 틀리면 금세 분노하는 사람들이 이러한 특징을 가진 사람들입니다. 이러한 완벽주의자들은 자기 자신과 다른 사람들에게 지나친 기대를 합니다. 완벽한 부부 생활과 완벽한 팀, 완벽한 회사 생활을 꿈꾸지요. 그러나 배우자와 팀원, 회사 동료에 대한 지나친 기대는 결코 채워질 수 없습니다.

실수에 집착할 때 완벽주의는 속박이 됩니다. 실수에 집착해서 결과가 뒤집어지지 않는 일을 그대로 놔두지 못하고, 자신이 그 일을 제대로 처리했는지 재차 확인합니다. 그로 인해 일하는 속도가 떨어져 정해진 기한 내에 일을 마치지 못합니다. 완벽을 추구할수록 더 불완전해지는 악순환이 계속됩니다. 일을 더욱 완벽하게 수행하려고 노력할수록 시간만 많이 걸리고 결국 제대로 마무리를 짓지 못하게 되지요. 심리학에는 다음과 같은 기본 원칙이 있습니다. "모든 것을 통제하려는 사람은 어느 것도 통제할 수 없는 상태에 빠지게 된다."

완벽주의자의 이러한 성향을 확인 강박증이라고 합니다. 이는 모든 것을 지나치게 확인함으로써 자기 삶을 제어하려는 성향을 말합니다. 그들은 현관문이 잘 잠겼는지 밤마다 다섯 번은 확인하고, 가스레인지 불도 모두 껐는지 거듭 확인합니다. 이 강박증에 시달리는 사람들은 확인하는 데 너무 많은 힘을 소비하고, 그러면서도 늘 불안해하기 때문에 항상 무기력합니다.

확인 강박증 이면에는 한없이 깊은 두려움이 숨어 있습니다. 그 두려움은 도둑이 들지 않을까, 가스레인지를 잠그지 않아 불이 나지 않을까에 관한 것만이 아닙니다. 그 바탕에는 잘못에 대한 두려움이 깔려 있습니다. 흔히 사람들은 잘못 하나 없이 깨끗하게 살고자 합니다. 하지만 그런 바람은 도달할 수 없는 높은 이상에 지나지 않습니다. 또한 흠 없고 정직하고 정의롭고 다정하며 친절해야 한다는 생각도 자기 자신에 대한 지나친 요구라 할 수 있습니다.

제가 아는 어느 시청 직원은 완벽주의자였습니다. 그래서 늘 작은 실수도 저지르지 않으려 했습니다. 예를 들면 공문을 쓰는 데도 공문 양식과 한 치의 어긋남이 발생하지 않도록 엄청난 정성을 기울였습니다. 이로 인해 수시로 야근을 해야 했지요. 이는 자신의 건강을 해치는 일이었을 뿐만 아니라 직장에도 손해를 입히는 일이었습니다. 스스로 흡족할 때까지 일하고 그다지 중요하지 않은 형식에 지나치게 주의를 기울인 탓입니다. 결국 그는 정작 중요한 일에는 시간과 노력을 쏟아 붓지 못했습니다.

이 시청 직원처럼 완벽주의 성향을 지닌 사람은 자꾸 멈칫거리기 때문에, 하는 일에 진척이 없습니다. 어느 여성은 논문을 계속 써 나가는 대신 이제까지 쓴 것을 계속 수정하느라, 결국 박사 학위 논문을 끝내지 못했습니다. 어떤 사람들은 자신의 이상에 걸맞은 삶을 살려고 자신을 끊임없이 갈고닦습니다. 그러나 그들이 지닌 이상이 너무 지나친 것이어서 자신을 갈고닦는 일에 큰 진전을 보이지 못합니다. 예수님께서도 그런 완벽주의자의 잘못을 분명히 지적하십니다.

○ 쟁기에 손을 대고 뒤를 돌아보는 자는 하느님 나라에 합당하지 않다.(루카 9,62)

자신이 고랑을 곧고 깊게 잘 팠는지 자꾸 뒤돌아보는 사람은 결국 정반대의 결과를 얻게 됩니다. 자꾸 뒤돌아보면 고랑은 삐뚤빼뚤해지고 맙니다. 그러니 지난 일은 뒤로하고, 지금 하는 일에 열중해야 합니다.

완벽주의 성향을 지닌 사람이 고통을 겪는 까닭은 결국 자기 자신 때문입니다. 하지만 이런 사람들은 다른 사람에게도 완벽함을 기대하기 때문에 고통을 줍니다. 완벽주의 성향을 지닌 사람은 늘 다른 사람의 잘못을 찾아내려 합니다. 의사에게 진료를 받을 때에도 자신의 상처가 치유되길 바라기보다 의사가 실수하지 않는지에 더 관심을 갖습니다. 때로는 심리 상담사에게 비현실적인 기대를 하기도 합니다. 그들은 의사와 심리 상담사, 사목자에게 거의 신적인 태도와 능력을 기대합니다. 그러다가 의사나 심리 상담사, 사목자에게서 한계와 실수를 발견하면 다른 사람을 찾습니다. 그러나 어느 누구도 그들의 기대와 요구를 충족시킬 수 없습니다. 그들도 자신의 기대와 요구가 충족될 수 없다는 것을 본능적으로 느낍니다.

완벽주의자들에겐 강력한 추진력이 있다는 것은 분명합니다. 그들은 맡은 일을 잘 처리해 자신의 유능함을 드러내고자 하니까요. 그래서 설렁설렁 일하는 것에 만족하지 않으며, 최선의 결과를 얻고자 합니다. 만약 자신이 완벽주의 성향을 가지고 있다면 스스로를 좀 더 너그럽게 대하여 차츰 그런 성향을 떨쳐 내려고 노력해야 합니다. 이는 강박 관념에 불과하기 때문에 그렇습니다. 그런데 완벽주의 성향을 지닌 사람은 그런 완벽주의 성향도 완벽하게 떨쳐 내려고 하나, 으레 실패하기 마련입니다. 우리는 자신이 지닌 완벽주의 성향을 누그러뜨릴 수 있을 뿐입니다. 나에게 그런 성향이 있다는 것을 느끼고 인정한다면 이를 대할 때 여유를 가져 보세요. 그리고 지금 이 순간만이라도 그런 성향을 따르지 않으려 노력해 보아야 합니다. 또한 우리가 하느님처럼 완벽한 존재가 아니라 한낱 인간에 불과하다는 사실을 받아들여야 합니다. 그러면서 '나를 억압하는 완벽주의 성향이 또 나타났구나. 그러나 나는 그것에 굴하지도, 따르지도 않을 거야. 주어진 일을 그저 내가 할 수 있는 만큼만 수행할 거야.'라고 스스로 다짐해야 합니다.

우리는 완벽함을 추구할 필요가 없습니다. 완벽함을 추구하는 사람은 자기 분수를 뛰어넘으려는 사람입니다. 궁극적으로 자신이 한계를 지닌 인간이라는 사실을 받아들이지 않고, 하느님과 같은 존재가 되기를 바라기 때문입니다. 그것이 바로 아담과 하와가 저지른 '원죄'입니다. 그런 만큼 '완벽함을 추구하는 것'은 '악'에 해당한다고 할 수 있습니다. 우리에겐 하느님처럼 행동할 권한이 없으며, 자신이 인간이라는 사실을 받아들여야 합니다.

'좋다'는 뜻을 지닌 독일어 형용사 '구트gut'는 본래 '조립하다, 어울리다'라는 동사에서 왔습니다. 그러니 '좋다'는 말은 어원적으로 어떤 사람이 공동체에 잘 적응하고 그 공동체에 유익하다는 뜻입니다. '좋다'는 본래 건축 분야에서 쓰던 말입니다. 성벽에 잘 맞고, 성벽을 지탱하며, 성벽과 어울리는 것을 가리키던 용어입니다. 그런데 흠 없는 돌덩이는 성벽과 어울리지 않습니다. 성벽을 이루고 있는 다른 돌과 확연히 구별되기 때문입니다. 성벽에 쓰일 돌은 무엇보다 다른 돌들과 어울리는 것이어야 합니다. 이런 면에서 완벽주의 성향을 지닌 사람은 공동생활을 하기 어렵습니다. 늘 만족하지 못하고 늘 요구가 많아서 다른 구성원들과 달리 눈에 확 띄기 때문입니다. 이런 사람은 공동체의 일원으로 적합하지 않습니다. 이와 반대로 좋은 돌은 다른 돌과 어울리면서 성벽을 구성하고 지탱할 줄 압니다. 그래서 좋은 돌은 모두에게 유익함을 선사하게 됩니다.

균형 잡힌 아름다움을 추구하기

우리 모두는 태어날 때부터 '선善'을 갈망하고 지향합니다. '선'은 '악惡'의 반대 개념입니다. '선'과 '악'은 도덕적 범주에 속하는 개념이지요. 그러나 '선'과 '악'의 어원적 의미는 도덕적 측면에서뿐만 아니라 사람이 지닌 분수의 측면에서도 살펴볼 수 있습니다. 독일어에서는 공동생활에 적합한 것을 '선'이라고 규정합니다. 다른 말로 표현하자면 '선'은 '분수에 맞는 것'이라 할 수 있습니다. 반면 '악'은 '부풀려진 것, 과장된 것'을 뜻합니다. 다시 말해 '분수에 넘친 것'을 의미합니다. 있는 그대로의 자기 모습에 만족하지 못하는 허풍쟁이를 가리키는 말이기도 하지요. 이런 사람은 자기 모습을 부풀려 보이려 합니다.

고대 그리스인들은 '선'과 '악'을 다른 관점으로 이해했습니다. 그들은 '선한 것'은 늘 아름답다고 생각했습니다. 그래서 그들은 자주 '선하고 아름다운 것'이라는 표현을 썼습니다. 하느님께서

손수 만드신 모든 것을 보고 "보기에 좋았다."라고 하신 성경 말씀을 그리스어 성경에서는 "아름다웠다."라고 번역하고 있습니다(창세 1,1-31 참조). 또한 고대 그리스인들이 '선'의 반대 개념으로 생각한 '카코스Kakos'는 '악하고 나쁜 것'을 의미할 뿐만 아니라, '본성에 어긋난 것'이나 '수반된 것이 너무 많음'을 가리키기도 합니다. 곧 '균형에서 벗어나는 것'을 가리킵니다. 반면에 '선하고 아름다운 것'은 또한 '지금 이 순간에 걸맞도록 시의적절한 것'이라 이해했습니다. 따라서 고대 그리스인들에 따르면 '선'은 '아름다운 것'이며 '시의적절한 것'이고, '악'은 '추한 것'이며 '시의적절하지 못한 것'이라 이해할 수 있습니다.

2005년과 2006년의 '에라노스 회의'*에서는 심리학자들과 신학자들, 철학자들이 모여 '아름다움'과 '균형'의 관련성에 관해 논의를 했습니다. 이 회의의 발제 내용은 《아름다움과 균형Schönheit

---

• 에라노스 회의는 1933년부터 매년 8월 말 스위스 아스코나Ascona에서 열리는 포럼으로, 다양한 문화 간의 교류뿐만 아니라 자연 과학과 정신과학 간의 교류를 목적으로 한다. 이 회의의 명칭인 '에라노스'는 손님을 대접하는 식사를 뜻하는 말이다. 이 명칭에 걸맞게 에라노스 회의는 매년 미리 정한 주제에 관해 오전에는 학자들이 발표를 하고, 오후에는 학자들과 일반 참석자들이 토론하는 방식으로 진행된다. — 역자 주.

und Mass》이라는 책으로 발간되었습니다. 저는 여기서 그 두 가지의 관련성에 관해 정리해 보고자 합니다.

토마스 아퀴나스(1225~1274년) 성인은 '아름다움'을 늘 '찬란한 것과 조화로운 것(라틴어로 '클라리타스 에트 콘코르단치아Claritas et Concordantia')'으로 여겼습니다. '콘코르단치아'는 본래 현악기 현들의 화음을 뜻하며, 더 나아가 '단결' 곧 '하나 된 마음'을 의미합니다. '아름다운 것'은 우리 마음에 맞고, 우리 마음과 일치하는 것입니다. 토마스 아퀴나스 성인은 '아름다운 것'이 언제나 '균형'과 관련이 있으며, 그 둘은 하나라고 생각했습니다. 그 점을 다음과 같이 표현할 수 있습니다. "황금 분할*을 따르는 사물은 우리에게 아름답다는 느낌을 줍니다." 다시 말해 우리는 균형이 잘 잡히고, 알맞으며, 본성에 맞는 것에서 아름다움을 느낍니다.

'에라노스 회의'에서 독일의 어문학자인 후베르트 헤르코머(Hubert Herkommer, 1941년~)는 "완벽한 아름다움은 균형 있는 비율에서 옵니다."라고 주장했습니다. 그는 중세 철학을 인용하며 "아

- 선이나 면을 가장 이상적인 비율로 분할하는 법칙. 이 법칙을 따를 때 가장 아름답고 안정감을 준다고 한다. 이 비율은 대략 1 : 1.618이다. ― 편집자 주.

름다움은 적당한 크기의 그릇에 담긴 선善입니다."라고 말했습니다. 또한 이상적인 남성과 여성의 모습에 관해 이렇게 이야기하였습니다. "그들은 선하기 때문에 아름다우며 아름답기 때문에 선합니다." 이는 선과 아름다움이 상호 의존적인 관계라는 것을 알려 주며, 균형은 아름다움뿐만 아니라, 선도 보장한다는 것을 깨닫게 해 줍니다. "균형은 아름다움과 도덕적 행위, 조화, 질서의 바탕입니다."

중세 시대보다 앞서, 이미 고대 이집트인들도 '아름다움'과 '균형'을 같은 것으로 보았습니다. 독일 출신의 이집트 전문 고고학자인 에릭 호르눙(Erik Hornung, 1933년~)은 고대 이집트 문화를 "균형의 문화"라고 불렀습니다. 고대 이집트 사람들은 '마트Maat'에 관해 말하곤 했는데, 이는 "세상의 조화, 우주의 조화, 인간 삶의 조화를 의미하며, 사물의 정상正常 상태를 가리킵니다." 그렇다고 도덕적 질서나 미적 질서를 지나치게 강조해서도 안 됩니다. 고대 이집트 예술은 좌우 대칭을 엄격히 따랐지만, 수시로 파격을 감행하기도 했습니다. '균형'은 결단코 고정된 질서가 아닌, 살아 있는 질서를 말합니다. 그것은 고정된 틀이 아니라, 생명체의 요구를 따르는 살아 있는 질서입니다.

고대 그리스인들도 '아름다움'이 '균형'과 관계가 있다고 생각했습니다. 그 점은 고대 그리스의 조각상들을 보면 분명히 알 수 있습니다. '아름다움'과 '균형'이 어떤 관계에 있는지는, 이집트의 안토니오 성인의 전기에서 확인할 수 있습니다. 성인의 전기는 그리스적 사고방식을 지녔던 신학자인 아타나시오 주교가 썼습니다. 아타나시오 주교는 20년 은수 생활 끝에 동굴을 나서는 안토니오 성인의 모습을 다음과 같이 묘사했습니다.

○ 그의 마음은 순수했다. 그는 불쾌해하거나 기뻐하지도 않았는데, 웃음이나 수줍음을 떨칠 필요도 없었기 때문이다. …… 오랜 기간 자신만의 고유한 방식으로 성찰한 결과, 그의 마음은 균형 잡혀 있었다.

안토니오 성인의 아름다움은 균형 잡힌 용모와 몸매에서만이 아니라, 균형 잡힌 감정과 사고에서도 드러납니다.

미술·건축뿐 아니라 음악에서도 '균형과 질서'를 통해 아름다움이 창출됩니다. 음악에서는 적당한 박자와 리듬이 중요합니다. 리듬은 선율을 아름답게 만들기 위해 꼭 필요합니다. 너무 빠른 리듬이나, 규칙적이기만 한 행진곡 리듬은 사람들의 귀와 마음에 편안한 느낌을 주지 않습니다. 그와는 반대로, 틀에서 간혹 벗어나긴 하지만 적절하게 균형 잡힌 리듬은 마음속에 아름다운 감정을 불러일으킵니다. 우리는 아름다운 그림을 볼 때나 아름다운 음악을 들을 때 마음이 치유되는 것을 느끼곤 합니다. 아름다운 그림이나 음악은 우리 안에 있는 아름다움을 깨닫게 하지요. 이런 것들이 '중용'으로 이끕니다. 요한 크리소스토모 교부는 음악이 인간 영혼을 춤추게 한다고 말했습니다. 음악은 우리 마음속 리듬을 일깨우며, 마음을 치유합니다.

적게 가진 것에 대한 자부심 느끼기

흔히 사람들은 대형 마트나 백화점에 가면 자신에게 어떤 물건들이 필요한지 헤아려 봅니다. 그러다 보면 물건이 더 있었으면 하고 생각하게 되지요. 하지만 그런 바람은 그것들이 정말 필요해서가 아니라 그런 물건이 눈에 띄기 때문에 생긴 경우가 많습니다. 대형 마트에서 멋진 물건이나 맛있어 보이는 식품, 실용적인 주방용품을 보면 '이게 필요할지도 몰라. 저것도 좋아 보이는 걸. 와, 이건 맛있어 보이네. 이걸 사용하면 요리가 한결 쉬울 것 같아.' 하는 생각이 드는 겁니다. 또한 '최신 태블릿 PC를 갖게 되면, 남들에게 인정받고 자연스럽게 대화도 나눌 수 있을 거야.' 라고 생각하기도 합니다. 이러한 바람은 갈수록 커져서, 바라는 물건을 다 사기에는 수중에 돈이 모자라는 상황에 이르지요. 결국 넘어서는 안 될 한계에 다다르게 되는 것입니다. 그런데도 어떤 사람들은 그 한계를 넘는 욕심을 내기도 해서 결국 파산에 이르기도 합니다.

고대 그리스의 철학자 소크라테스(Socrates, 기원전 469~399년)는 끊임없는 질문을 통해 당대 사람들을 익숙한 생각에서 끌어내고자 한 철학자입니다. 그는 행복한 삶을 영위하기에는 가진 것이 너무 없다고 불평하는 사람들에게 이러한 질문을 던졌습니다. "나는 불필요한 물건을 얼마나 많이 갖고 있는가?"

소크라테스는 이 질문을 통해 스스로 가진 것이 너무 없다고 한탄하는 이들에게 되묻고자 하였습니다. 그는 자신에게 많은 물건이 필요하지 않다는 사실에 기뻐했습니다. 또한 남들이 필요하다고 여기는 물건을 소유하지 못한 것을 부끄러워하기는커녕, 자신이 내적인 자유를 누리고 있음을 자랑스러워했습니다. 고대 그리스인들은 내적인 자유를 최고의 재산으로, 물건에 대해 자유로운 이를 참으로 지혜로운 사람으로 여겼습니다.

'중용'에 관한 설명을 마무리 짓는 시점에 소크라테스의 질문은 우리에게 좋은 묵상 거리를 제공합니다. 우리는 소크라테스처럼 "나에게 불필요한 물건은 무엇일까?" 하고 질문해야 합니다. 그렇게 질문해 보면 없어도 되는 물건이 분명히 눈에 뜨일 것입니다. 누군가에게는 텔레비전일 수 있고, 늘 주차 문제로 골머리를 앓는 도시 거주자에게는 자동차일 수 있으며, 어떤 사람에게는 값비싼 명품 옷일 수 있고, 휴대 전화나 태블릿 PC일 수 있습니다. 최신 상품을 구매할 여력이 안 되어서 슬퍼하는 사람들이 있는가 하면, 최신 상품이 전혀 필요하지 않은 것에 감사하는 사람들도 있습니다. 어떤 사람은 최신형 스키 장비를 가지고 멀리 휴가 가는 것을 기꺼이 포기하고, 집과 가까운 곳에서 휴가를 보내는 것에 만족하기도 합니다.

저는 수도원의 재정을 맡은 동안 여러 은행에서 초대를 받아 은행장들과 종종 유쾌한 대화를 나눴습니다. 어떤 은행장은 간혹 이런저런 텔레비전 프로그램을 봤냐고 제게 묻기도 했습니다. 그럴 때마다 저는 늘 웃으며 "텔레비전을 보지 않습니다."라고 대답합니다. 그러면 은행장들은 의아한 표정을 짓습니다. 사실 오늘날 우리는 텔레비전을 보는 일에 있어서도 '적당한 정도'를 지켜야 합니다. 저희 수도원에는 세 개의 채널만 시청할 수 있는 '텔레비전 방'이 있기는 하지만, 제가 그 방에서 시간을 보내는 일은 거의 없습니다. 텔레비전 시청으로 저녁 시간을 보내기가 너무 아깝기 때문입니다. 그 대신 저녁 시간에 책을 많이 읽습니다. 텔레비전을 보지 못하거나, 인터넷과 태블릿 PC를 사용하지 못해 아쉬웠던 적은 없습니다. 휴대 전화가 있긴 하지만 평상시에 갖고 다니지 않습니다. 자동차로 강연장에 가는 길에 예상치 못한 일이 벌어져 늦을 것 같다는 말을 전할 때에만 휴대 전화를 사용합니다.

자신에게 불필요한 물건은 저마다 다릅니다. 나에게 불필요한 물건을 아주 자랑스럽게 밝힐 때, 우리는 '중용'을 지키게 됩니다. 오늘날 각자가 필요하다고 여기던 물건들을 포기하는 일은 오히려 즐거움을 줍니다. 생각을 정리할 수 있게 해 주고, 욕구를 조절할 수 있게 해 줍니다. 또한 '중용'은 우리에게 자유로운 느낌과 살고자 하는 의욕을 선사합니다. 우리는 중용을 통해 욕구에 끌려가는 수동적인 삶이 아닌 능동적인 삶을 살 수 있고, 분수에 맞는 삶을 살게 되어 행복을 느끼게 될 것입니다.

맺음말

우리는 소비 사회에서 살고 있습니다. 그러나 지나친 소비는 행복을 선사하지 못합니다. 이는 이미 여러 번 경험해 본 사실일 것입니다. 누구나 넘쳐 나는 상품 속에서 허우적거려 본 적이 있을 겁니다. 이러한 사회이기에 '딱 알맞게 살아가는 법'에 관해 숙고하는 일은 매우 중요합니다. 저는 이러한 일을 통해 도덕을 설파하거나, 걱정을 불러일으키려는 의도는 전혀 없습니다. 그보다는 여러분이 '적절한 정도'에 관해 숙고하면서 성공적인 삶을 사는 법을 배우기만을 바랄 뿐입니다.

우리 사회에는 무절제함이 만연해 있습니다. 그래서인지 아주 많은 사람이 '적절함'에 대한 갈망과 직관을 갖고 있음을 확인할 수 있었습니다. 저는 그들에게 다른 사람들의 무절제한 모습에 흔들리지 말고 자신의 직관을 신뢰하라고 호소하고, 지지하고 싶습니다.

저는 이 책에서 수시로 베네딕토 성인의 《수도 규칙서》를 인용했습니다. 베네딕토 성인은 "슬기로운 절제는 모든 덕행의 어머니"라고 했습니다. 그리고 '중용'을 《수도 규칙서》의 일관된 정신으로 삼았습니다. 그런 까닭에 그의 《수도 규칙서》는 당대의 다른 많은 수도 생활 규칙들을 제치고, 중세를 거쳐 오늘에 이르기까지 가장 영향력 있는 수도 생활의 지침이 되었습니다. 베네딕토 성인이 살던 시대는 무절제와 옛 질서의 몰락이 두드러진 시기였습니다. 민족들의 대이동으로 인해 로마 문화의 모든 척도가 뒤바뀌었습니다. 그런 까닭에 베네딕토 성인은 마치 폭풍을 견뎌 내는 나무처럼 당대의 혼란 속에서 꿋꿋하게 살아남을 수도 공동체를 건립해야 했습니다. 이를 위해 성인은 '중용'과 '질서'가 꼭 필요하다고 생각했습니다.

베네딕토 성인은 수도 생활에 질서를 부여했으며, '절제'를 수도 생활의 기본 덕행으로 제시했습니다. 그리고 다음 세 가지 라틴어 단어를 중요하게 여겼습니다.

첫 번째는 '멘수라Mensura'입니다. 이는 곡물 양을 재던 측정 기구를 뜻합니다.

두 번째는 '템페라레temperare'입니다. 이는 '절제하다'라는 의미를 지닌 동사로, '시간'을 뜻하는 '템푸스Tempus'라는 명사에서 왔습니다. 다시 말해 '적정 속도, 좋은 생활 리듬'을 가리키는 단어라고 할 수 있지요.

세 번째는 '디스크레치오Discretio'입니다. 이는 '분별력'을 뜻합니다. 다시 말해 '각 개인과 그가 처한 개별 상황에 대한 직감을 발전시키는 능력'을 말합니다. 이 책에서 우리는 이 세 가지 개념을 수시로 접했습니다. 저는 그 개념들을 오늘날 우리 삶에 적용해 보려 했습니다. 이런 방식으로 베네딕토 성인의 《수도 규칙서》에 나오는 '중용'이라는 개념을 올바로 이해하는 일은 우리에게 큰 도움이 됩니다.

저는 위의 세 가지 개념을 오늘날 우리의 삶에 맞게 해석해 보고자 합니다.

첫 번째, 자기 자신을 올바로 평가하고 피조물과 자기 마음을 바르게 다루려면 올바른 잣대가 필요합니다. 우리는 자신의 능력과 자연이 지속될 수 있는 방식으로 그것들을 다뤄야 합니다.

두 번째, 적당한 생활 리듬과 적정 속도를 지녀야 합니다. 생활에 리듬이 없으면, 삶은 흐트러지고 무너지게 됩니다.

세 번째, '분별력'을 갖춰야 합니다. 곧 이 세상을 객관적인 눈으로 바라봐야 한다는 겁니다. 다시 말해 내가 살고 있는 세상을 사악하고 위험한 것으로 매도하거나 거꾸로 지나치게 찬양할 것이 아니라, 나에게 유익한 것과 해가 되는 것은 무엇인지, 이 세상이 지닌 기회와 위험은 무엇인지 분별해야 합니다. '분별력'은 이 세상을 흑백 논리로 바라보지 않으며, 무엇이 하느님의 영에 따른 것인지, 무엇이 유해한 이데올로기에서 나온 것인지 구별해 냅니다. '분별력'은 오늘날 우리에게 더 많이 요구되는 덕목이라 할 수 있는데, 너무 많은 정보가 밀려들기 때문입니다. 많은 이가 이런 정보의 홍수 속에서 갈피를 잡지 못하고 헤매이기에, 나의 본성에 맞는 것이 무엇이고, 내게 진정 유익한 것이 무엇인지 파악하는 '분별력'이 필요합니다.

우리는 '중용'이 삶의 여러 분야에서 필요하다는 사실을 확인했습니다. 다시 말해 소비하는 일이나, 피조물과 우리 자신을 다루는 일, 나 자신에 대한 생각, 나 자신과 다른 사람들에게 거는 기대, 적당한 생활 리듬과 삶의 속도, 유익한 의식 등에서 중용을 지켜야 합니다. 더 나아가 '중용'은 건강한 삶을 누리기 위해서도 필요합니다. 건강하게 살려면, 자기 몸과 마음이 지닌 능력과 자신이 할 수 있는 일, 자기 자신을 위해 해야 할 일에 대한 직감을 지녀야 합니다. '중용'은 '아름다움'의 필수 조건이기도 합니다. 아름다움은 중용이 이끌어 주는 균형을 바탕으로 해야 하는 것이니까요.

'중용'은 인간에게 유익하며, 인간의 본성과도 일치합니다. 그러므로 "중용을 지키자."라는 말은 도덕을 지키자는 호소가 아니라, 인생을 건강하고 즐겁고 아름답게 살자는 권고라 할 수 있습니다. 그 말은 문화와 관련이 있는 것입니다. 고대 이집트 문화와 그리스 문화가 '균형을 지키는 문화'였듯이, 오늘날 우리도 이 세상에 '균형을 지키는 문화'를 새롭게 건설해야 합니다. 그것은 오늘 이 세상을 살고 있는 모든 이에게 분명 축복이 될 것입니다.

'균형을 지키는 문화'는 생각에서 시작됩니다. 우리는 자신의 본성과 맞지 않는 사고방식을 버려야 합니다. '균형을 지키는 문화'를 건설하기 위해 절도 있게 행동하고, 자기 자신과 다른 사람들, 피조물을 적당하게 다뤄야 합니다. '적당함'을 지키기 위해서는 즐거움과 금욕, 일과 휴식, 대화와 침묵, 공동생활과 개인 생활 사이에 균형을 이뤄야 합니다.

저는 독자 여러분 모두가 '중용'을 지키며 살기를 진심으로 기원합니다. 이 책을 자신을 비난하는 용도로 쓰지 마시고, 중용을 지키는 삶을 시작하는 계기로 삼으시길 바랍니다. 베네딕토 성인은 중용을 지키는 삶에 가장 필요한 덕목으로 '분별력'을 꼽았습니다. 분별력은 구별하는 능력만이 아니라, 자신의 영혼이 지닌 슬기와 자신에게 적당한 것을 파악하는 직감력을 뜻한다고 생각합니다. 이 책을 통해 여러분이 자기 영혼 속에 존재하는 슬기를 깨닫게 되기를 바랍니다. 여러분의 영혼은 자신에게 알맞은 분수가 어느 정도인지 파악하는 직감력을 지녔습니다. 여러분의 영혼이 지닌 슬기를 신뢰하십시오. 우리 사회에서 끊임없이 볼 수 있는 무절제한 모습에 휘둘리지 마십시오. 그렇게 할 때 여러분은 즐겁고 아름다운 삶을 살게 될 것이고, 여러분의 삶은 '중용'이라는 광채를 띠게 될 것입니다. 여러분 모두가 그런 삶을 누리기를 진심으로 기원합니다.

참고 문헌

- Athanasius: Leben des heiligen Antonius, übersetzt v. H. Mertel. Kempten/München 1917.
- Bruckner, Pascal: Ich leide, also bin ich. Die Krankheit der Moderne. Eine Streitschrift, Weinheim 1996.
- Hedwig, Klaus: Wesen, in: *Lexikon für Theologie und Kirche*, Bd. 10. Freiburg 1995.
- Herkommer, Herbert: Die Schönheit des Gottessohnes und der Gottesmutter. Historische Betrachtungen zur Ästhetik des Heiligen, in: *Schönheit und Mass, Beiträge der Eranos Tagungen 2005 und 2006*, Basel 2008.
- Hornung, Eric: Die Vermessung der Unterwelt. Altägypten als Kultur des Masses, in: *Schönheit und Mass, Beiträge der Eranos Tagungen 2005 und 2006*, Basel 2008.
- Jung, C.G.: Mensch und Seele. Aus dem Gesamtwerk 1905-1961. Ausgewählt und herausgegeben von Jolande Jacobi. Olten 1971.
- Kästner, Erhart: Die Stundentrommel vom heiligen Berg Athos. Wiesbaden 1956.
- Kreisman, Jerold J. und Hal Straus: Ich hasse dich – verlass mich nicht. Die schwarzweiße Welt der Borderline-Persönlichkeit. München 1992.
- Lambert, Bernhard M.: Discretio, in: *Praktisches Lexikon der Spiritualität*. Herausgegeben von Christian Schütz. Freiburg 1988.

- Lang, Hugo: Die benediktinische Discretio, in: *Einsicht und Glaube*, herausgegeben von Gottlieb Söhngen, Joseph Ratzinger und Heinrich Fries. Freiburg 1962.
- Roloff, Jürgen: Der erste Brief an Timotheus. Zürich 1988.
- Schipperges, Heinrich: Hildegard von Bingen. Ein Zeichen für unsere Zeit. Frankfurt 1981.
- Schmid-Bode, Wilhelm: Maß und Zeit. Entdecken Sie die neue Kraft der klösterlichen Werte und Rituale. Frankfurt 2008.
- Schorlemmer, Friedrich: Die Gier und das Glück. Wir zerstören, wonach wir uns sehnen. Freiburg 2014.